CONSEILS AVISÉS POUR femmes AMBITIEUSES

Mrs Moneypenny

Heather McGregor

Traduit par
Frédérique Corre-Montagu

hachette

Édition originale publiée au Royaume-Uni, en 2012,
par Portfolio Penguin, Penguin Group Ltd, 80 Strand,
London WC2R 0RL, sous le titre :
Mrs Moneypenny's Careers Advice for Ambitious Women.
www.penguin.com

ÉDITION FRANÇAISE
© 2013, Hachette Livre (Hachette Pratique)
www.hachette-pratique.com
Traduction : Frédérique Corre-Montagu
Révision : Hélène Nguyen
Mise en page : Studio Chine
Responsable artistique : Antoine Béon
Couverture : Olivia Grandperrin
Fabrication : Amélie Latsch
Partenariats : Sophie Morier (smorier@hachette-livre.fr)

LES SECRETS DE RÉUSSITE DES FEMMES AMBITIEUSES

Voici trois femmes dont je suis la carrière avec intérêt, et qui m'ont toutes soutenue dans la mienne cette année.

JANE LUNNON, préfet des études, dont l'ambition pour ses élèves l'a poussée à me demander de faire une présentation qui a fini par devenir ce livre.

HELEN CONFORD, une éditrice dont l'ambition pour son employeur l'a conduite à venir me chercher et à me demander d'écrire ce livre.

Et SUSAN LEON, cadre dirigeante dans l'industrie de la musique, dont l'ambition pour ses clients l'a amenée à me rencontrer – ce qui m'a permis à mon tour d'acquérir l'assurance de centaines, voire de milliers, de femmes ambitieuses.

Merci à toutes.
Je vous dédie ce livre à toutes les trois.

SOMMAIRE

INTRODUCTION

~~Si vous êtes une femme de quinze ou de cinquante et un ans, ou de n'importe quel âge d'ailleurs, et que vous avez l'intention de tutoyer un jour les étoiles, ce livre est pour vous.~~

La seule qualification dont vous avez besoin, c'est la volonté de faire une belle carrière. ~~Si vous êtes de celles qui se plaisent à tanguer au fond de l'océan de la vie avec presque tout le reste du monde, vous feriez mieux de lire un bon thriller.~~ En revanche, si vous voulez aller de l'avant, remonter à la surface pour respirer l'air pur au-dessus des clapotis – ou même aller dans cette direction – lisez ce livre.

~~Puis conseillez-le à quelqu'un comme vous.~~

Il contient les dix conseils clés que, à mon avis, les femmes doivent suivre pour réussir dans la vie. Ce sont toutes les choses que j'aurais voulu savoir à quinze ans, vingt-cinq ans – et même trente-cinq ans. Je pense avoir pas mal de succès à mon actif mais si j'avais su tout cela, j'en aurais plus.

~~Comment ai-je appris cela ?~~

~~Par mes observations et mon expérience.~~

L'observation est un outil puissant, surtout quand on sait aussi s'interroger. Dans mon travail, je rencontre des centaines de femmes chaque année à différents stades de leur carrière. Quand j'en rencontre une intéressante qui rêve de succès ou en est déjà auréolée, je deviens une véritable éponge.

Qu'est-ce qui la fait se lever le matin ?

Comment s'organise-t-elle pour atteindre le but qu'elle s'est fixé ?

Quel est l'élément ou la personne qui l'ont aidée à réaliser ses objectifs jusque-là ?

Si je ne lui pose pas la question directement, je l'observe, je me renseigne, j'interroge des gens qui la connaissent.

Comment Indra Nooyi a-t-elle fini à la tête du groupe Pepsi ?

Comment Janet Robinson est-elle parvenue à diriger le groupe de presse New York Times ?

Comment Fiona Reynolds a-t-elle accédé à la direction générale de National Trust en Grande-Bretagne – un organisme qui compte 55 000 travailleurs bénévoles veillant entre autres aux milliers de kilomètres des côtes anglaises ?

Et qu'en est-il des femmes que je n'ai jamais rencontrées comme Gail Kelly ? Comment est-elle parvenue au sommet de l'organigramme de Westpac, l'une des plus grandes entreprises australiennes ? J'ai cherché et lu tout ce qu'il était possible de lire sur elle.

Et l'expérience. Je dirige une affaire florissante depuis pas mal de temps maintenant et je sais, très intimement, lesquelles de mes actions ont contribué à son succès – et lesquelles ont échoué. Toutes les semaines, j'écris un article pour le *Week-end Financial Times* qui est lu dans le monde entier, et des femmes de tous horizons m'écrivent pour me donner leur avis sur ce qui marche. Plus récemment, j'ai présenté une émission de télévision en Angleterre qui m'a permis de rencontrer des tas de femmes ayant brillamment réussi dans les médias. Il y a des points récurrents dans les carrières de toutes ces femmes.

Ce livre ne s'adresse pas uniquement aux femmes qui veulent diriger des grandes entreprises, même si elles représentent une part importante de ses futures lectrices. Le succès pour certaines femmes consiste à créer leur propre entreprise, à avoir un poste universitaire important ou à faire carrière dans un organisme à but non lucratif. Pour d'autres, le succès consiste juste à se remettre dans la vie active après une longue pause pour s'occuper de leur famille.

Si vous êtes encore à l'école ou à l'université, ou à mi-chemin dans votre carrière, ou même à la retraite à vous demander si vous n'avez pas attendu trop longtemps pour tenter votre chance, lisez ce livre qui devrait vous inspirer. Il n'y a pas de moments où on a plus (ou moins) besoin d'aide et de soutien dans la vie. On peut agir à tout âge et à chaque stade de sa carrière. L'essentiel, c'est d'avoir les bonnes idées, le bon objectif et les bons conseils.

J'espère que ce livre vous éclairera – en partie ou en totalité.

Alors pourquoi un livre pour les femmes ? Les hommes aussi ont besoin d'aide pour réussir, non ?

Parce que les femmes sont différentes. Et ce qui nous rend différentes, c'est cette particularité physique qu'on nomme l'utérus. Cela paraît peut-être évident, mais cela joue un rôle capital dans nos carrières. Comme beaucoup d'entre nous avons des enfants et avons donc souvent besoin de plus de pauses et de flexibilité dans notre travail pour les élever, les employeurs ont tendance à nous considérer – toutes – comme différentes des hommes.

Vous n'envisagez pas d'avoir un employeur ? Vous allez créer votre propre entreprise ?

Eh bien, les gens dont vous allez avoir besoin pour financer votre projet – les banquiers, les investisseurs, les fournisseurs – vont aussi vous traiter différemment des hommes.

Même si vous n'avez absolument pas l'intention d'avoir des enfants (ou d'avoir un bébé le week-end et de retourner travailler le lundi), l'opinion que vos employeurs auront de vous sera en partie ou totalement influencée par leur expérience avec des jeunes mères qui ont, un jour ou l'autre, eu besoin de temps pour les enfants. *A priori*, on ne peut rien y faire – malgré les progrès technologiques, on n'est en effet pas près de voir des hommes avec un utérus. Je ne suis d'ailleurs pas sûre d'avoir envie de le voir. Avoir et élever des enfants est une expérience très gratifiante. Mais il y a des tas de façons de gérer ce problème et de se mettre sur la voie du succès.

Moira Benigson, P-DG de MBS, un groupe de conseil en recrutement, s'étonne souvent de voir des dirigeantes incapables, malgré une belle carrière, de se livrer aux mêmes jeux politiques que les hommes.

❛ En vingt-cinq ans de carrière en tant que chasseuse de têtes, j'ai vu des femmes rater une opportunité professionnelle et donc une promotion parce qu'elles n'étaient pas aussi actives que les hommes. Quand les femmes se rendent compte qu'elles manquent d'ambitions, elles se mettent à avoir « peur de voler » et choisissent de rester dans un rôle bien en dessous de leurs compétences au lieu de tout mettre en œuvre pour progresser. Comme le dit l'experte en leadership Rebecca Shambaugh, le problème, «ce n'est pas toujours le plafond de verre, c'est parfois le sol qui colle aux semelles». ❜

« Le sol qui colle aux semelles » est partout. Dans une enquête menée par Accenture en 2011 auprès de 3 400 cadres supérieures, 68 pour cent des femmes interrogées pensaient qu'il fallait beaucoup travailler et faire de longues heures pour avoir de l'avancement dans une entreprise.

Eh bien, croyez-moi, si c'était juste une question de longues heures et de dur labeur, la plupart d'entre nous seraient en haut des organigrammes. Et pour être en haut des organigrammes, les femmes doivent faire tout ce que les hommes font – avec quelques petites choses en plus.

Ces petites choses et la façon dont il faut les gérer sont à la base de ce livre.

CHAPITRE 1

CE QUE VOUS SAVEZ

Si vous lisez ce livre, la première question que vous vous posez est sans doute : « Que puis-je faire pour avoir le plus de chances de réussir ? »

Et si ce n'est pas le cas, cela devrait l'être.

Nous allons commencer par une évidence à laquelle, pour d'étranges raisons, on ne pense pas toujours en premier. Vous devez avoir les diplômes et l'expérience nécessaires. En d'autres termes, sachez que « ce que vous connaissez » n'a absolument pas été remplacé par « qui vous connaissez ».

« Ce que vous connaissez » – ces éléments que vous pouvez mettre sur votre CV – est la pierre angulaire de toute carrière. Alors faites le nécessaire avant d'aller plus loin.

On m'accuse régulièrement d'être obsédée par les diplômes et c'est vrai que j'ai trois diplômes plus ou moins inutiles dont aucun ne m'a vraiment donné de compétences précises. La seule chose dont je me souviens de ma licence, c'est d'un diagramme montrant la façon dont le Japon soutenait l'industrie du riz ; de mon master de gestion, la façon dont on licencie des gens et de mon doctorat, le mode d'emploi des différentes bibliothèques universitaires en ligne. C'est tout. Et rien de tout cela ne me sert dans mon travail actuel.

Alors, à quoi bon tant d'efforts ?

À l'inverse, M. Moneypenny, mon mari qui me supporte depuis si longtemps, ne s'est pas embêté à faire de longues études. Il a passé un an à l'université de Sydney – où il a cru qu'il préparait un certificat de cricket, avec rugby en option. Quand il a compris que les examens qu'il était censé passer ne correspondaient à aucune de ces matières, il est parti et a commencé à travailler pour une télévision locale (tout bonnement parce qu'il regardait beaucoup la télévision). Beaucoup d'années plus tard, il a changé de métier et s'est mis à travailler pour l'industrie du vin (tout bonnement parce qu'il buvait beaucoup de vin – même s'il a passé quelques examens spécialisés qui lui servaient chaque fois qu'il achetait une bouteille). Et puis, en 2010, il a suivi une formation d'entraîneur de cricket. Cela lui a pris douze semaines. Il a trouvé un poste de prof de cricket dans une école, et il se sert de ce qu'il a appris pendant sa formation chaque jour.

Alors pourquoi s'embêter à avoir des diplômes ?

Parce que les diplômes sont plus qu'une simple façon d'acquérir des compétences. Ils permettent aussi de prendre de l'assurance et de trouver sa place dans le monde. Et ils contribuent à développer son réseau… Autant d'atouts qui aident dans une carrière.

Julia Bowden est quelqu'un qui connaît la valeur des diplômes. En 2008, elle a pris une décision importante mais risquée. Elle a quitté son travail, hypothéqué sa maison pour pouvoir emprunter plusieurs milliers de livres et est retournée à l'école à plein temps. Elle avait déjà une licence qu'elle avait obtenue avec d'excellentes notes. Elle avait trente ans et un travail bien payé dans lequel elle aurait pu progresser sans refaire de formation.

Pourquoi a-t-elle ressenti le besoin de reprendre ses études ? Et quelles décisions importantes a-t-elle prises et dont nous pourrions nous inspirer ?

En retournant à l'école, Julie cherchait à améliorer – et donc à accroître – son capital humain. Améliorer son capital humain est la première et la plus importante étape d'une brillante carrière. Le capital humain, comme n'importe quel autre capital, est une ressource qu'on met à disposition de son employeur (ou de soi-même si on dirige sa propre entreprise). Les compétences, l'expérience et – c'est crucial – les diplômes constituent le capital humain.

En ce sens, il est essentiel d'avoir des diplômes. On connaît toutes des femmes qui ont réussi avec un diplôme de secrétaire pour tout bagage – et parfois, même pas – mais, croyez-moi, ce sont des exceptions. Si vous êtes ambitieuse, si vous voulez faire une belle et passionnante carrière, vous devez avant toute chose faire en sorte d'avoir les compétences de base – c'est-à-dire les diplômes adéquats.

Le monde dans lequel les femmes se disputent les meilleurs postes est brutal. Bien entendu, les hommes le savent depuis longtemps. Même une licence n'ouvre pas les mêmes portes qu'autrefois. Quand j'ai terminé mes études en 1980 au Royaume-Uni, 18 pour cent des gens de mon âge allaient jusqu'à la licence. Maintenant, grâce aux nouvelles mesures prises par les gouvernements, ce chiffre avoisine les 45 pour cent.

Une licence seule n'a pas grand intérêt. Ce qui compte le plus, c'est où on l'a eue et avec quelles notes.

La bonne nouvelle, si vous avez quatorze ans et que vous lisez ce livre, ou si vous connaissez des jeunes filles de quatorze ans, c'est qu'on peut vraiment aller loin dans la vie si on a des bonnes notes. Au Royaume-Uni, on passe des examens à seize ans et on s'y prépare dès quatorze ans. Les résultats doivent figurer dans les dossiers d'inscription aux universités et ouvrent, comme l'équivalent du Bac, certaines portes – ou pas. La qualité des universités où vous étudierez va sans doute avoir une influence sur toute votre carrière, d'où l'importance de prendre les bonnes décisions à quatorze, quinze et seize ans.

Et ce n'est pas une exception anglaise. Les admissions en facs aux États-Unis sont très influencées par le PSAT (*Preliminary Scholastic*

Aptitude Test – équivalent du brevet des collèges) et le SAT (*Scholastic Aptitude Test – équivalent du baccalauréat*) et tous les bulletins de notes du lycée. Et partout ailleurs, les entrées dans les universités les plus prisées sont déterminées par les notes qu'on a obtenues et les choix qu'on a faits à une époque où on est presque trop jeune pour imaginer un jour aller à l'université.

Cela signifie-t-il que, si vous n'avez pas eu de bonnes notes à seize ans, vous devez poser ce livre et revoir vos ambitions à la baisse ?

Absolument pas.

Accrochez-vous et essayez d'avoir de bonnes notes à partir de maintenant. On peut (presque) effacer le passé en investissant dans le futur. Pour preuve, cette citation célèbre d'Elizabeth Taylor, une femme très ambitieuse : « Le succès est un déodorant extraordinaire. Il masque toutes les odeurs passées. »

Vous devez sans doute vous dire que je ne pense qu'au MBA ou autres diplômes universitaires à la mode. Pas du tout. Julia, par exemple, n'a pas quitté son poste à plein temps pour faire un MBA. Elle a suivi une formation pour être maquilleuse professionnelle.

Cela vous surprend ? Pourquoi avait-elle besoin d'un diplôme pour maquiller des gens ? Après tout, elle aimait le maquillage depuis qu'elle était petite et était souvent sollicitée par ses amies pour les aider à se maquiller pour les grandes occasions. Dans le monde du maquillage, comme dans beaucoup d'autres, si on vous engage, c'est principalement parce que vous êtes bonne à ce poste. Et vous le montrez en présentant votre travail – votre book – visible généralement en ligne.

Alors pourquoi ne pas juste investir dans des photos d'un professionnel et un site Internet ?

Quel qu'en soit le coût, ce sera moins que les 18 000 livres (23 000 euros) que coûte la formation de Julia.

Bien que vous ne soyez pas tenue d'avoir un diplôme pour être un célèbre maquilleur, vous n'êtes pas non plus tenue d'avoir un MBA pour être un bon manager. Vous serez d'ailleurs surprise d'apprendre qu'il ne faut pas nécessairement avoir une licence de pilote pour faire un vol solo. Bien sûr, dans certaines professions (la médecine, le droit), il faut avoir les diplômes requis pour être autorisé à exercer son métier, mais l'immense majorité des cadres supérieurs qui dirigent des entreprises dans le monde entier (dont moi) n'ont pas besoin de leurs diplômes pour faire leur travail.

Mais – et c'est primordial – ils en ont eu besoin pour y arriver.

Avoir des diplômes est important. Et voici pourquoi :

- Ils vous donnent confiance en vous ;
- Ils témoignent en toute impartialité de votre capacité à faire un métier ;
- Ils vous aident à tisser des liens importants.

Utilisez vos diplômes pour accroître votre confiance en vous

D'abord, les diplômes donnent confiance en soi. Julia – vous devez commencer à en avoir marre de celle-là (la pauvre, elle ne se doutait pas qu'elle serait dans ce livre en me posant une nouvelle paire de faux cils pour une de mes émissions à la télé) – a fait sa formation à Greasepaint qui est sans doute l'une des meilleures écoles de maquillage du Royaume-Uni, et elle l'avait choisie pour cela. Beaucoup de professeurs de Greasepaint travaillaient à la BBC, à l'époque où la chaîne avait des maquilleurs en interne, et ont eu des tas de récompenses pour leur travail. Julia savait que si elle se formait avec eux, elle bénéficierait de conseils de grands professionnels ce qui lui donnerait confiance en elle quand, une fois son diplôme en poche, elle monterait sa propre affaire.

Quand on dirige une entreprise, on n'utilise pas la moitié de ce qu'on a appris en école de commerce. J'ai quitté la mienne il y a vingt ans et la seule chose concrète que j'ai apprise à l'époque et que j'utilise encore, c'est de licencier des gens. Mais le fait de connaître toute la terminologie et les concepts des différentes matières enseignées en MBA – de la comptabilité à la finance en passant par la gestion du changement et des processus opération-nels – m'a donné de l'assurance quand j'ai eu affaire à elles sur mon lieu de travail ou quand d'autres cadres dirigeants m'en ont parlé.

La confiance en soi est une qualité essentielle pour faire une belle carrière. Si vous avez étudié dur, assimilé tout ce que vous avez appris et avez un diplôme qui le prouve, vous aurez beaucoup plus confiance en vous.

Julia est-elle meilleure techniquement qu'avant sa formation ?

Oui, même si elle n'est sans doute pas plus créative qu'avant.

Mieux comment ? De cent pour cent ?

Probablement – notamment parce que sa formation comprenait les effets spéciaux et autres techniques pointues.

De combien a augmenté sa confiance en elle quand elle maquille sa clientèle ?

D'environ 500 pour cent. Elle a plus confiance en elle parce qu'elle a été formée par des profs vraiment expérimentés et qu'elle a, sous leur contrôle, maquillé des tas de gens. Et parce qu'elle a eu d'excellentes notes à son examen.

La confiance en soi est une qualité que toutes les femmes ambi-tieuses doivent développer. L'ILM (*Institute of Leadership and Management–Institut de formation pour les cadres supérieurs et les managers*) a fait une enquête auprès de 3 000 hommes et femmes cadres supérieurs et publié ses résultats dans le rapport « Ambition and Gender at Work » Ambition et différence sexuelle au travail en février 2011. L'écart est saisissant : seulement la moitié des femmes interrogées se décrivent avec un « fort » voire « très fort » niveau d'assurance contre 70 pour cent des hommes. La moitié des femmes admettent parfois douter d'elles-mêmes contre 31 pour cent des hommes. Et 20 pour cent des hommes déclarent être prêts à postuler même s'ils n'ont pas tout à fait le bon profil contre 14 pour cent des femmes.

Cela ne m'étonne pas. On sait toutes que les hommes savent très bien se vendre – même si ce n'est pas toujours justifié.

Rosaleen Blair, la femme déterminée et professionnelle – mais impertinente et très sympathique – qui a créé et qui dirige Alexander Mann Solutions, une société de services externalisés de recrutement, confirme cette différence de comportement entre les hommes et les femmes quand ils cherchent un emploi.

Je pense que les femmes ont moins confiance en elles et sont beaucoup critiques vis-à-vis d'elles-mêmes que les hommes. Lorsqu'ils postulent, par exemple, les hommes ont tendance à regarder la description du poste et à se dire : « J'ai trois des compétences requises, cela va se faire ». Alors que, même si elles en ont six ou sept, les femmes hésiteront à y aller sous prétexte qu'il leur en manque une.

Elle n'est pas la seule à le penser. Voici ce qu'en dit Liz Field, la directrice générale de Financial Skills Partnership :

Quand elles sont à la recherche d'un travail qualifié, les femmes ont beaucoup plus tendance à renoncer à certains postes s'il leur manque un peu ou beaucoup d'expérience dans certains domaines. C'est soit par manque de confiance en elles, soit par réalisme alors que généralement les hommes restent dans la course qu'ils aient ou non l'expérience requise.

Les diplômes augmentent de façon considérable la confiance en soi.

Exemple : Aimez-vous le vin ? Êtes-vous devenue une experte au fil des années ? Vous êtes-vous déjà rendu compte que vous compreniez mieux la carte des vins au restaurant que les autres convives ?

Maintenant, imaginez que vous avez étudié et obtenu un Master of Wine (MW), un diplôme professionnel international détenu par moins de 300 personnes ou même le Diploma of Wine, un diplôme international délivré par le Wine and Spirit Education Trust (qui organise des formation d'œnologie).

- Cela vous rendra-t-il plus techniquement capable de déguster et d'apprécier le vin ?
- Presque certainement
- Cela vous donnera-t-il plus confiance en vous ?
- Sans aucun doute.

Utilisez vos diplômes pour valider de façon objective vos compétences

Ensuite, et c'est le plus important, les diplômes (et/ou l'endroit où vous avez étudié) valident de façon autonome et indépendante vos compétences. J'ai la chance d'avoir plusieurs Amies, des lectrices de ma rubrique que j'ai appris à connaître au fil des ans par leur pseudo. Il y a notamment mon Amie La Plus Glamour, mon Amie La Plus Brillante, mon Amie La Plus Tenace, mon Amie Banquière, mon Amie Dingue de Pilates, etc. Parmi elles, il y a aussi mon Amie Médecin, Amanda Northridge, qui gère brillamment son cabinet à Oxford.

Les Amis Médecins sont précieux et je vous conseille de vous en trouver un si vous n'en avez pas encore. Ce sont vos meilleurs alliés quand votre cadet (le mien s'appelle « Coût de Cœur n° 2 » – mes enfants me coûtent tellement cher que j'ai renoncé à les appeler par leur vrai nom) est revenu de son stage d'aviron avec de l'impétigo le jour où le Prince William a épousé Kate Middleton et que tous les cabinets médicaux du pays étaient fermés.

Amanda est devenue membre du Royal College of General Practitioners (MRCGP, Ordre des médecins publics anglais) après avoir fait la formation de trois ans nécessaire et passé les examens correspondants (après avoir obtenu son diplôme de médecin généraliste). Mais elle n'exerce que dans le privé car, en Angleterre, on n'a pas besoin d'avoir un MRCGP pour être médecin généraliste.

Pourquoi je vous raconte cela ?

D'abord parce que cela lui a donné plus d'options dans la vie (elle pouvait travailler dans le public si elle le souhaitait). Mais, plus important encore, parce que cela la définit en seulement cinq lettres majuscules. Et ces cinq lettres majuscules clament haut et fort que le Dr Northridge est aussi compétente que n'importe quel médecin généraliste anglais.

Vous connaissez sans doute par cœur l'argument qui consiste à dire : « Je suis bonne dans [mettre un domaine ou une compétence]… je n'ai pas besoin d'un document pour le prouver. » Moi, je dirais que si. Si vous êtes ambitieuse et que vous voulez progresser, vous devez vous distinguer des autres. Les bonnes abréviations, un diplôme impressionnant sur votre CV, une compétence validée par une institution reconnue – tout cela aide à sortir du lot.

Être bonne dans son travail, dans le climat de compétition actuel, ne suffit tout simplement pas.

Votre CV est votre bilan personnel. Si en lisant les comptes d'une société, vous voyez qu'elle a un bilan annuel positif, vous aurez plus envie d'investir dedans que dans une société plus fragile, car elle sera sans doute plus capable de résister à des difficultés imprévues, mais aussi de rebondir. Et pour avoir un tel bilan, elle a choisi d'investir dans sa propre structure au lieu de payer des dividendes ou des salaires.

C'est la même chose pour les compétences et l'expérience. Si vous êtes ambitieuse, vous ne regretterez jamais d'avoir choisi d'investir sur vous-même.

Dans les sociétés, pour reprendre cette analogie, l'investissement est un choix. Comme les étudiants en économie le savent, le capital est une ressource rare. Si vous étudiez pour passer des examens ou pour acquérir une nouvelle compétence, vous le faites sur votre temps personnel au lieu de le passer à faire autre chose.

Êtes-vous prête à faire ce sacrifice, ce choix ?

Si vous êtes vraiment ambitieuse, la réponse est oui.

Retournons à notre charmante Julia Bowden. (Oui, je n'en ai pas encore terminé avec elle – la pauvre fille, elle va me réclamer des heures supplémentaires.) Elle a dépensé ses maigres ressources – en temps et en argent – pour suivre une formation de maquilleuse professionnelle. Le choix de son école a été aussi important que sa décision d'avoir un vrai diplôme. Elle a choisi de faire sa formation dans l'une des meilleures écoles du marché. Elle n'a maintenant plus qu'à dire à un producteur, un autre maquilleur désirant sous-traiter certaines tâches ou même à un éventuel client privé qu'elle a fait sa formation à Greasepaint pour qu'ils sachent immédiatement qu'elle va faire du travail de qualité.

De la même façon, pensez à ce qu'une licence d'Oxford ou de Cambridge ou un MBA de Harvard disent d'une personne. Ils disent qu'elle est différente, qu'elle est au-dessus du reste et qu'elle est tout en haut de l'échelle du monde du travail. Et cela, c'est avant même qu'elle ait eu le temps d'ouvrir la bouche en entretien.

Les diplômes – et le lieu où on les a eus – sont les armes essentielles, discrètes mais très efficaces des ambitieux.

Alors quel diplôme devriez-vous avoir ?

Personnellement, je vous conseille un diplôme qui est compris et reconnu par les gens du secteur d'activité où vous voulez faire carrière. Si vous visez le milieu de l'entreprise, à votre place je ferais une formation de comptabilité ou de finance. (Dans le chapitre 7, j'explique pourquoi il est si important d'avoir des bases financières pour faire une belle carrière.)

Le diplôme que j'aime voir sur le CV des candidats est le Chartered Financial Analyst (le CFA, proposé, en France, dans certaines institutions d'enseignement supérieur comme l'EDHEC). On peut le préparer à tout moment de sa carrière et on n'a même pas besoin de suivre des cours puisqu'il est possible de commander les livres nécessaires pour travailler de chez soi. (Pour plus d'informations, aller sur top-finance.net)

Vous êtes à la fac et vous voulez un jour travailler dans une banque d'investissement ou pour un fond de placement ?

Pensez à l'effet que cela ferait sur votre CV. Renoncez à vos soirées et préparez-le !

Les examens du CFA ont le même programme de préparation partout dans le monde et sont tous gérés par le même organisme : le CFA Institute. C'est un organisme à but non lucratif qui compte le plus grand nombre de spécialistes de l'investissement. Il a plus de 100 000 membres sans compter tous ceux qui n'ont obtenu qu'un ou deux des trois blocs de l'examen.

Je suis sûre que le CFA Institute ne va pas me remercier pour cela mais je le compare souvent à McDo. Quand on va chez McDo et qu'on commande un Big Mac, on nous sert quasiment toujours le même qu'on soit à Shanghai, Seattle, Sydney ou Singapour. Le risque lié à la décision de commander un Big Mac, ou tout autre produit d'une marque mondiale – comme les couches Pampers ou les services financiers de Pricewaterhouse Coopers – est négligeable.

On sait que, quel que soit l'endroit où on achète leur produit, on aura la même qualité.

Et c'est le cas du CFA.

Il y a de nombreux diplômes vraiment internationaux, comme le Master of Wine dont j'ai parlé plus haut. Il y a 289 titulaires de ce master dans le monde, dans 23 pays différents dont 79 sont des femmes. Cet examen a toujours été ouvert aux hommes et aux femmes et parmi les 81 nouveaux lauréats de ces dix dernières années, 33 sont des femmes.

Un autre diplôme qui s'exporte bien est le FLE (diplôme de Français langues étrangères).

Bien qu'ils ne soient pas tous reconnus dans tous les pays, les diplômes dans des secteurs comme la médecine, le droit, l'enseignement et autres métiers qualifiés sont toujours utiles. Et même s'ils n'ornent pas votre CV de belles lettres, ils donnent des compétences qui valent la peine d'être acquises car elles le rendent plus attractif sur le marché – par exemple, les langues étrangères ou la programmation informatique.

Et pourquoi pas un MBA ? Devriez-vous essayer d'en avoir un ?

J'en ai moi-même un comme déjà signalé. Je me souviens de mon premier jour de travail au Japon quand mon patron m'a dit qu'il avait aussi un MBA – ce qui dans son cas signifiait « Married But Available » (Mariée mais disponible).

Sérieusement, il n'y a pas de réponse universelle à cette question – tout dépend de vous. Beaucoup de femmes ambitieuses (dont moi) trouvent cela très utile. Mais le MBA n'est pas pour tout le monde. J'espère que ce livre vous aidera à décider si oui ou non vous devez en préparer un – et si vous vous lancez, à vous souvenir de mes conseils quand vous choisirez l'endroit où vous le ferez.

En 1986, Gail Kelly vivait en Afrique du Sud, travaillait dans une banque et attendait son premier enfant. Elle avait enseigné le latin en lycée après ses études puis trouvé un poste de guichetier dans le secteur bancaire, chez Nedcor une banque sud-africaine, dans les années 1980. Elle pensait qu'elle aurait de meilleures opportunités dans le secteur des services financiers que dans l'éducation. Remarquée par ses supérieurs pour son grand potentiel, elle a suivi un programme de perfectionnement accéléré et, en 1986, a été promue à un poste intermédiaire dans le service des ressources humaines.

Gail, dans une interview pour le site de la Melbourne Business School, revient sur son histoire :

❛ Pour plus m'impliquer dans le commercial et avoir un poste plus intéressant dans les services financiers, il fallait que je sois plus qualifiée. J'ai envisagé de préparer un diplôme de comptabilité, mais j'ai finalement opté pour un MBA car il donne de larges compétences en encadrement et en gestion d'entreprise. ❜

Le fait de mener son travail et sa grossesse de front ne l'a pas arrêtée – pas plus que moi ou que beaucoup d'autres femmes. De plus, elle a fait mieux que moi car elle a eu son MBA avec une mention très bien. (Elle a aussi fait mieux que moi en ayant une fille – pourquoi n'ai-je que des garçons ? Et d'ailleurs pourquoi ne suis-je pas la présidente d'une des plus grandes banques du monde ? Est-ce parce que je n'ai pas eu une mention très bien à mon MBA ?).

Quels avantages Gail a-t-elle tiré de son MBA ?

Il lui a apporté des compétences et un savoir dont elle ne connaissait même pas le vocabulaire. Et puis cela lui a donné confiance en elle ainsi que des relations.

❛ Cela a accru ma capacité de réflexion dans des domaines cruciaux comme la comptabilité, la finance, le marketing, la gestion des opérations – des domaines dans lesquels je ne connaissais pas grand-chose hormis quelques cas pratiques dans le cadre de mon travail. Mon

MBA m'a aussi bien sûr donné confiance en moi et le courage de saisir les opportunités qui se présentaient à moi. Et je suis toujours en contact avec mes relations et mes amis de l'époque.

De là à se dire que le MBA est la clé d'un meilleur salaire, il n'y a qu'un pas. Selon la GMAC, un organisme international à but non lucratif d'écoles de commerce, 93 pour cent des détentrices d'un MBA ayant répondu à son sondage en 2010 aux États-Unis avaient un poste et un salaire mensuel moyen de 94 542 $ avec une prime de 17 565 $.

L'autre raison qui pousse les gens à avoir un MBA est que cela les rend plus aptes. D'après la London Business School, 91 pour cent de la promotion 2010 ont trouvé un travail dans les trois mois qui ont suivi l'examen (+ 10 pour cent par rapport à 2009) et le premier salaire moyen était de plus de 65 500 £. À la Manchester Business School, ces chiffres sont de 90 pour cent et 55 000 £.

Mais, croyez-moi, si vous faites un MBA simplement pour augmenter vos chances de trouver un meilleur travail et d'être mieux payée, cela ne justifie pas l'énorme investissement de temps et d'argent que vous devrez faire. Comme le dit Tonya Olpin, directrice exécutive de la National Association of Women MBAs, un MBA « ne vous garantit pas de trouver un emploi. Considérez-le plutôt comme une boîte à outils, un générateur d'opportunités ».

Elle a raison.

Un MBA n'est pas immédiatement gage d'emploi et d'argent. Même des organisations que j'admire comme la Forté Foundation[1] n'encouragent pas les femmes à voir la vraie valeur d'un MBA, et semblent un peu à côté de la plaque.

---

1. Consortium de grandes compagnies et d'écoles de commerce qui essaie, dixit, « d'augmenter le nombre de femmes chefs d'entreprise en augmentant le flot des postulantes dans les bonnes écoles et les bons réseaux ».

Voici pourquoi ils préconisent d'avoir un MBA :

- Pour augmenter vos revenus
- Pour avoir de l'avancement dans votre entreprise
- Pour changer de carrière
- Pour avoir un réseau de pairs, de mentors et d'anciens élèves
- Pour faire bonne impression dans votre communauté.

À mon avis, il y a un seul point vraiment important là-dedans : le réseau. Pour le reste, pas besoin d'avoir un MBA.

Comme n'importe quel diplôme, le MBA vous donnera confiance en vous, des relations et une référence sérieuse sur votre CV. C'est sans doute cela qui, dans un second temps, vous aidera à trouver un travail et / ou à avoir un meilleur salaire, mais cela n'arrivera pas si vous ne tirez pas partie des vrais avantages d'un MBA. En fait, un MBA n'est qu'un diplôme de gestion générale. Si vous voulez gérer une entreprise ou ne serait-ce qu'une partie de cette entreprise, c'est très utile. Point final. Si vous voulez devenir la meilleure biologiste moléculaire ou la plus grande actuaire du monde, ou faire une carrière technique de ce genre, cela ne sert à rien d'avoir un MBA.

Alors, fixez-vous un but précis et voyez si un MBA peut vraiment vous aider à l'atteindre.

Si vous rêvez de diriger une entreprise, grande ou petite, vous avez probablement intérêt à avoir un MBA. Le reste – l'employabilité et la meilleure paie – n'est que des avantages annexes. Donc, si ce sont vos seules motivations pour faire un MBA, oubliez.

Des études ont montré que les femmes arrivent mieux à trouver des raisons pour *ne pas faire* un MBA que pour en faire un. Selon The Association of MBAs, les étudiants de sexe masculin étaient 70 pour cent plus nombreux que les femmes en 2010. Au Royaume-Uni, 53 pour cent des licenciés sont des femmes mais ce chiffre chute à environ 30 pour cent pour les étudiantes en MBA. Ce n'est pas surprenant quand on sait que les meilleures écoles de commerce ne recrutent que des élèves ayant plusieurs années d'expérience sur le terrain.

Cela signifie que le meilleur moment pour faire un MBA est pile le moment où beaucoup de femmes envisagent d'avoir un bébé. Mori Taheripour, coordinatrice de proximité à la Wharton School de l'université de Pennsylvanie, l'explique très bien :

[Nous devons] être capables de montrer aux femmes que, malgré toutes leurs autres obligations dans la vie, c'est quelque chose que d'autres réussissent à faire ou ont déjà fait. On demande environ dix ans d'expérience, ce qui fait que la moyenne d'âge de nos étudiants est de trente-cinq ans. C'est un âge où la plupart ont des enfants et ont des postes de cadre supérieur ou sont des entrepreneurs. Ce n'est donc pas facile de leur faire penser : « Je peux encore me mettre quelque chose sur le dos. »

On peut tout à fait faire un MBA et avoir une famille en même temps. Je l'ai fait. Gail Kelly l'a fait. Et beaucoup de femmes l'ont fait (ou sont en train de le faire).

Mon amie, la très énergique Henrietta Royle, qui défend la cause des femmes dans les conseils d'administration, a été directrice des Opérations de la CASS Business School de Londres. Elle a vu des douzaines de femmes ayant des enfants avoir non seulement un MBA mais des tas d'autres masters. Dans une interview à *The Independent* parue au Royaume-Uni en avril 2011, elle dit tout haut ce qu'on est nombreuses à savoir (un avis que le journaliste a qualifié de « pragmatique ») : « Si vous voulez le faire, vous arriverez à vous organiser. Ce n'est pas parce que vous avez des enfants que vous ne pouvez pas le faire, surtout quand les retombées peuvent être si intéressantes plus tard. »

Les écoles de commerce traitent bien les mères de famille qui font un MBA. Quand, lors de ma formation, j'ai commencé à trouver que c'était trop lourd à gérer après la naissance de mon premier fils, ils m'ont permis de faire un break d'un an avant de recommencer. J'ai dû m'intégrer dans un nouveau groupe mais c'était nettement mieux que de renoncer – ou de ne jamais avoir commencé.

Plus de vingt ans après, les choses bougent vraiment. L'université d'Indianapolis par exemple organise des cours le samedi et propose aux femmes enceintes de s'arrêter un semestre au moment de la naissance de leur bébé.

Rachel Killian, mère de deux enfants, a suivi la formation de l'Executive MBA à la Warwick Business School (une formation à temps partiel sur deux ans) tout en continuant à travailler au service marketing de son école. Elle explique comment elle s'est organisée :

> Tout est une question d'équilibre. Il faut choisir une formation et une école qui cadrent avec votre vie. Je rentre à la maison, je passe quelques heures avec mes enfants, puis quand ils sont couchés, je prends mes livres au lieu de me mettre devant la télé. Chaque cas est unique. Mais les bénéfices seront beaucoup plus importants que les compromis.

C'est plus une question de priorité que d'équilibre. Si vous êtes ambitieuse et que vous pensez avoir besoin d'un MBA, vous trouverez le temps – même si vous attendez un bébé. Vous renoncerez à certaines choses – comme à la télé dans le cas de Rachel – pour pouvoir le faire. Avez-vous vraiment besoin de voir la série *Femmes de footballeurs* ou un nouvel épisode de *L'incroyable famille Kardashian* ? Vous pouvez les enregistrer, non ? La poussière sur vos étagères ne vous tuera pas. Vous n'avez pas besoin de tout repasser. Pas la peine non plus d'acheter et de lire tous les *Voici*. Et ce roman dont l'intrigue vous tente peut encore attendre quelques mois. En fait je ne vois pas de raisons pour lesquelles vous n'auriez pas le temps de faire un MBA – si vous voulez vraiment en faire un.

Servez-vous de vos diplômes pour tisser des liens importants avec les autres

Si vous avez décidé de faire un MBA – en renonçant à l'idée que vous êtes trop occupée parce que vous avez ou que vous allez avoir une famille – où devriez-vous vous inscrire ?

Inscrivez-vous dans une école agréée. Inscrivez-vous dans une école qui est en haut des classements officiels – on y progresse plus rapidement. Souvenez-vous des raisons pour lesquelles vous le faites – et que le contenu des cours compte moins que le reste. Les bienfaits en terme de réputation et de relations qui découlent d'un MBA (ou de tout diplôme) délivré par une bonne école sont tels que vous devriez vous inscrire dans l'école la plus prestigieuse possible ou au moins la plus prestigieuse de celles dans lesquelles vous pouvez aller. J'irais jusqu'à dire qu'il vaut mieux ne pas avoir de MBA qu'un MBA d'une école médiocre – surtout par rapport au temps et à l'argent que vous allez y investir. Plus une école est bonne, plus vous aurez de relations.

Profitez du déséquilibre hommes / femmes – on propose des bourses aux femmes qui veulent faire un MBA dans toute l'Europe et aux États-Unis. La London Business School, la Leeds University Business School, l'European School of Management and Technology à Berlin, l'IMD Business School en Suisse et la Wharton School de l'université de Pennsylvanie offrent toutes des bourses aux femmes. Vous pouvez aussi demander une bourse à une fondation comme la Forté Foundation. La Forté Foundation a des bourses pour chacune des 39 écoles agréées en Europe, aux États-Unis, en Asie et en Australie, peu importe votre nationalité. Il y a aussi le McCallum Leadership Scholar Program à l'université de Bentley (Boston) pour les candidates issues de minorités.

Ce qui compte, ce n'est pas le diplôme mais ce qu'en pensent vos employeurs actuels et futurs et, cela dépend largement de la réputation et des résultats de l'endroit où vous le préparez. Le CFA est proposé dans le monde entier et soutenu par d'énormes budgets marketing, mais pour certains diplômes moins particuliers comme le MBA (ou même certaines licences), ce qui compte ce n'est pas le diplôme, mais l'endroit où on a étudié et les notes qu'on a obtenues.

Oui, je sais, c'est injuste mais on sait toutes que le monde est injuste. Toute personne de plus de sept ans utilisant le mot « injuste » est déconnectée de la réalité.

Un MBA de l'université Harvard est plus prestigieux qu'un MBA de l'université de Stirling, même si elles ont toutes les deux des professeurs réputés.

Est-ce parce que le curriculum de Harvard diffère de celui de Stirling ?

Non. C'est parce que la marque Harvard est plus prestigieuse.

Comment est-ce arrivé ? Harvard a-t-elle de meilleurs spécialistes marketing ?

C'est possible. Mais si c'est le cas, c'est parce qu'elle peut se permettre d'avoir un meilleur service marketing que Stirling. En fait, elle peut tout se permettre de mieux que Stirling – de meilleurs professeurs, de meilleurs locaux, un meilleur marketing et plus d'aides financières pour ses étudiants, ce qui signifie qu'elle attire certains des plus brillants et des meilleurs candidats du monde.

Pourquoi ?

Pour le savoir, il faut regarder au sud-ouest du fameux London Bridge où, étrangement coincée entre un grand axe traversant la Tamise et l'une des gares les plus fréquentées de Londres, à côté d'un marché de fruits et légumes réputé, se trouve la cathédrale du diocèse de Southwark. C'est ici que John Harvard, un fils de boucher né à Londres en 1607 a été baptisé avant d'émigrer aux États-Unis. C'est écrit en toutes lettres, avec la signature de son père, dans le registre de la cathédrale. On peut visiter cette cathédrale gratuitement et admirer une chapelle latérale dédiée à John Harvard dont la restauration a été financée par les élèves de Harvard.

Cela devrait être un lieu de pèlerinage pour toutes les femmes ambitieuses – pour la paix et le calme qu'on y puise en vue des futures batailles mais aussi pour ce que cet endroit nous dit sur cette institution et son succès.

Ce qui surprend quelqu'un de familier avec la politique de développement des universités, c'est la date à laquelle cette chapelle a été restaurée. Le splendide vitrail a été offert par un diplômé de Harvard devenu ambassadeur des États-Unis à Londres, Joseph Hodges Choate. Il était là lors de sa présentation au grand public le 22 mai 1905. Le vitrail décrit le baptême du Christ et porte les armes de l'Emmanuel College de Cambridge où John Harvard a étudié (ce qui en jette déjà pas mal sur un CV) ainsi qu'à l'université Harvard.

Je me suis assise dans cette chapelle un jour – pas pour réfléchir à mes futures batailles mais parce que j'étais en avance à un rendez-vous au *Financial Times* – et j'ai réfléchi à ce que je pouvais apprendre de cette chapelle. Je me suis dit que la principale leçon, c'était que la Harvard Business School était la marque la plus forte et la plus influente qu'on pouvait avoir sur un CV parce que ses élèves font en sorte qu'elle le soit – comme ils font en sorte que cette chapelle soit belle.

Les écoles de commerce, les universités et même les lycées encouragent leurs élèves à rester en contact avec eux pour les aider. Ils le font surtout en faisant appel au sens de l'altruisme de leurs élèves : on vous donne une bonne éducation et, en retour, vous nous donnez quelque chose. Mais je pense que c'est biaisé, pour deux raisons.

Premièrement, un diplôme – et surtout un diplôme de troisième cycle si vous avez payé pour le faire (comme la plupart des gens) – est une transaction commerciale. Je vous paie et vous me formez. On remplit chacun notre part du contrat et puis, on suit chacun notre route. Toute tentative misant sur l'affection qu'on peut avoir pour un endroit (qui est très efficace quand on flatte l'*ego* et la fierté des gens) est une sorte de chantage émotionnel. Il n'y a pas de clause contractuelle – écrite ou tacite – qui oblige à dire du bien de son école après l'avoir quittée.

Deuxièmement, et c'est de loin le plus important : votre diplôme va figurer sur votre CV – votre bilan personnel – pour le reste de votre vie. L'établissement qui vous l'a donné va être une marque qui sera associée à jamais à vous. C'est parfait quand il s'agit de l'une des meilleures écoles du monde mais que se passe-t-il quand sa réputation commence à décliner ? Elle continuera à exister sur votre CV.

Pouvez-vous vous permettre, pour votre bien personnel et celui de votre carrière, de ne pas l'aider ?

Les élèves Harvard, qu'ils en aient conscience ou pas, ont l'obligation contractuelle de soutenir leur université. S'ils le font, la Harvard Business School mais aussi l'université Harvard continueront d'avoir de beaux bâtiments et les meilleurs professeurs, et à aider financièrement les meilleurs étudiants du monde tout en embauchant les meilleurs professionnels du marketing et du développement. Cela permettra ainsi d'entretenir la réputation mondiale de l'école et de contribuer à ce que son nom continue à faire bonne impression sur le CV de ses diplômés.

M. Choate le savait déjà en 1905.

Et cela reste vrai pour les grandes universités, les écoles de commerce (et même les grands lycées). Plus elles accompliront de grandes choses, plus elles auront de l'influence sur les ambitions de leurs élèves.

Tout le monde – et ceux qui le peuvent sont rares – ne peut pas donner de grandes quantités d'argent. Et si vous venez de terminer vos études et que vous n'avez pas un sou ? Vous n'êtes en effet certainement pas dans la position d'avoir un bâtiment à votre nom en faisant un chèque à sept ou huit chiffres. Vous êtes trop occupée pour faire des chèques à la banque qui vous a prêté l'argent pour payer vos études. Mais il suffit de 15 € par an – n'oubliez pas le nombre d'élèves qu'il y a dans une université ou une grande école.

Vous devez investir dans votre école parce que c'est important pour votre CV ainsi que pour votre réseau – entre autres. Donc, même si vous êtes au tout début de votre carrière, souvenez-vous que vous avez d'autres atouts que l'argent : vous avez du temps. Et ce temps peut être utilisé pour faire passer des entretiens aux futurs étudiants, parler à des journées portes ouvertes, écrire sur des sites Internet pour raconter votre vie d'étudiante et expliquer les raisons pour lesquelles vous conseillez de suivre votre exemple. Toutes ces contributions sont aussi appréciables que de l'argent, même si les universités en ont aussi besoin. Quand on fait ne serait-ce qu'une petite donation aux États-Unis, on aide son université à grimper dans les classements car, pour évaluer sa place, on tient compte du pourcentage d'élèves qui font des dons.

Quand je suis sortie de la London Business School il y a 20 ans, elle n'avait pas la réputation mondiale qu'elle a maintenant et j'étais financièrement dans le rouge parce que j'avais un jeune enfant et que la nounou me coûtait cher. Mais j'ai donné de mon temps à mon école en faisant passer des entretiens pour eux et en participant aux journées portes ouvertes quel que soit le pays où je me trouvais à ce moment-là et, depuis que je suis capable de le faire, je fais des dons modestes mais constants. Pendant ce temps mon école est passée du statut d'école potentiellement éminente au statut, dans une certaine mesure, de meilleure école de commerce internationale du monde. Je ne suis pour rien dans ce succès – mes efforts tiennent une part négligeable par rapport à ceux de milliers d'autres personnes. Mais je crois vraiment que si tous ceux qui ont étudié à la London Business School donnaient comme moi un tout petit peu de leur temps et de leur argent, elle resterait en première division durant toute ma – et toute leur – vie professionnelle.

Cela aide à entretenir la valeur de l'établissement où on a étudié.

Comme mon MBA m'a coûté beaucoup d'argent, que j'ai emprunté et remboursé, il me semble logique d'essayer d'entretenir sa valeur.

Si votre école joue en ce moment en seconde division, réfléchissez à ce que vous pouvez faire *via* une action collective.

Ajoutez la bonne expérience à vos diplômes

Maintenant que je vous ai expliqué l'importance des diplômes, je dois vous dire qu'ils ne servent quasiment à rien si vous n'avez pas l'expérience adéquate.

Ce n'est pas toujours facile d'avoir la bonne expérience dans le secteur où on veut travailler – cela signifie parfois recommencer de zéro. Gail Kelly, une prof chevronnée et expérimentée, a renoncé à tout pour aller travailler au guichet d'une banque. Maintenant, c'est la huitième femme d'affaires la plus puissante du monde.

Il y a une autre ancienne prof que j'aime et que j'admire beaucoup : Janet Robinson, P-DG du groupe du *New York Times*. Janet enseignait dans une école du Massachusetts mais, comme Gail Kelly, elle se sentait limitée dans le monde de l'éducation. Alors elle est venue à New York chercher du travail. Comme elle jouait bien au tennis, elle s'est retrouvée à vendre des espaces publicitaires pour un magazine de tennis. Le reste, comme on dit, c'est de l'histoire. Quand Janet m'a invitée à déjeuner dans l'immeuble du NYT qui surplombe l'Hudson et m'a montré le mur de photos de ses collaborateurs ayant eu le prix Pulitzer, j'ai réalisé à quel point son histoire était exemplaire. Elle avait été prof pendant dix ans et, malgré cela, pour réaliser son rêve, elle a tout recommencé de zéro en vendant des espaces publicitaires dans un magazine.

Pour mettre ainsi le pied dans la porte, comme Gail et Janet, il faut réfléchir transversalement et tout planifier méticuleusement. Mon amie Helen Weir a fait un stage de formation chez Unilever en sortant d'Oxford, puis a fait un MBA à Stanford avant de rentrer chez McKinsey. Après y avoir travaillé quelques années, elle a voulu évoluer et s'est demandé comment elle pourrait y parvenir. Quand elle était chez Unilever, elle a (comme beaucoup de jeunes diplômés) étudié la comptabilité de gestion et bien qu'elle ne s'en soit pas servie pendant des années, elle a donc fait le nécessaire pour avoir un diplôme financier et s'est trouvée un poste de contrôleur financier dans un grand groupe de vente au détail. Elle a fini par devenir directrice financière de toute la société et a été catapultée sous les projecteurs. Beaucoup d'années et quelques autres postes plus tard, elle a été nommée directrice non exécutive de SABMiller, l'une des plus grandes sociétés de boissons du monde.

L'expérience ajoutée aux diplômes fait la différence quand on est candidat à des postes de haut niveau. En revanche, il n'est pas toujours facile d'avoir la bonne expérience, aussi qualifiée soit-on.

Réfléchissez transversalement quand vous essayez de percer dans un nouveau domaine. Que ce soit un bon niveau en tennis ou un diplôme de comptabilité de gestion dont vous ne vous souveniez presque plus, il faut chercher minutieusement et mettre en avant ce qui vous fait sortir du lot – même si cela ne saute pas aux yeux dans votre CV.

L'autre stratégie gagnante quand on essaie d'acquérir de l'expérience dans un nouveau domaine, c'est de postuler dans un service où personne n'a envie de travailler ou ne pense à travailler. Le plus difficile, c'est d'entrer dans une société – si vous êtes bonne, vous évoluerez une fois que vous serez en place. Je conseille aux gens qui veulent entrer dans une banque d'investissement de postuler au service d'audit interne financier ou même des ressources humaines. Et je conseille aux gens qui veulent faire carrière à la télé de commencer au service des ventes d'espaces publicitaires ou au service judiciaire.

Quand j'ai eu mon MBA en 1992, le Royaume-Uni était au fond du trou de la dépression. Comme je voulais travailler dans une grande maison de titres qui vendait des actions anglaises à des gestionnaires de fonds, j'ai méticuleusement planifié mon assaut sur les agents de change de Londres. J'avais travaillé pour une société où je devais, entre autres, être en relation avec les actionnaires. Notre plus gros actionnaire était, à l'époque, le service de placements de la compagnie d'assurances Scottish Widows. J'ai demandé au gestionnaire de fonds avec qui j'avais affaire les noms des agents de change à qui il passait la plupart de ses ordres. Il m'en a donné quatre. J'ai écrit aux quatre après avoir pris le soin de chercher le nom de la personne qui dirigeait le service de vente des actions. Je leur ai dit que je connaissais un de leurs clients (c'étaient tous les quatre des hommes) et que j'avais envie de travailler dans ce secteur.

J'ai eu trois entretiens et deux offres d'emploi.

Il est important d'avoir la bonne expérience et mieux encore, de l'avoir sans faire de pauses.

Pourquoi ?

Parce que c'est très difficile de reprendre le travail après un break. Des livres entiers traitent de ce sujet. Un break peut aussi éroder la confiance en soi et vous rendre moins attractive pour les employeurs parce qu'on est moins dans le coup. Donc si vous prévoyez de faire une pause dans votre carrière – pour fonder une famille ou pour faire le tour du monde en bateau – pensez à l'effet que cela va faire sur votre CV. Quand on le planifie bien, on peut tout à fait faire une pause dans sa carrière – même si on est dévorée par l'ambition.

Personnellement, je n'ai pas vraiment pris de congé de maternité. Quand mon premier Coût de Cœur est né, j'ai tenté pendant deux semaines l'association couches / nuits blanches et je suis retournée ventre à terre au bureau après avoir embauché la Rolls Royce des nounous – une nounou de l'agence Norland.

Il m'a fallu cinq ans pour me décider à recommencer et toute ma belle organisation est tombée à l'eau quand Coût de Cœur n° 2 est arrivé quatre semaines en avance et en plein milieu d'une affaire que j'étais en train de traiter. À l'hôpital, on nous a fabuleusement aidés, mon bébé et moi, et j'ai pu continuer à travailler. Puis, catastrophe, j'ai découvert que ma mutuelle ne me remboursait qu'une semaine d'hôpital. Alors, à la consternation de monsieur M., j'ai refusé de rentrer à la maison avec mon bébé et j'ai pris une chambre au Berkeley Hotel où j'ai passé une autre semaine à écrire des brochures pendant que le personnel gérait le reste. (Ils ont même trouvé de la lessive sans enzymes pour le linge de mon bébé et une nounou pour le promener dans Hyde Park tous les jours.) Quand CC n° 3 est arrivé, quatre ans plus tard, les courriels et Internet existaient et j'ai pu facilement travailler de mon lit d'hôpital.

Mais je ne suis pas un bon exemple ou un exemple qu'on pourrait qualifier de « normal ». La plupart des femmes veulent faire une pause quand elles ont un enfant, même si ce n'est que quelques mois. Si vous êtes de celles-là et prévoyez de retourner travailler – et que vous avez la possibilité de le faire – vous devez continuer à faire évoluer votre CV.

Il y a quelques années, j'ai expliqué à une jeune femme qui ne pouvait pas rester à son poste de cadre (sous prétexte qu'elle avait eu un troisième enfant) comment combler le trou jusqu'à ce qu'elle se remette à plein temps. Je lui ai conseillé de travailler pendant cette pause, mais à un poste complètement différent, c'est-à-dire d'enseigner la finance au lieu de la faire. Mon plan a marché : elle est maintenant directrice financière d'une entreprise de télécommunications.

Je lui ai récemment demandé ce qu'elle avait pensé de mon conseil. Sa réponse est très intéressante :

Je n'avais jamais pensé devenir professeur. C'était « pas question » ! Mais j'ai vraiment adoré enseigner la finance et les relations avec les investisseurs. C'était à temps partiel et cela cadrait parfaitement avec mes obligations de mère sans avoir la mauvaise réputation des autres temps partiels. Cela m'a donné l'occasion de travailler dans une entreprise plus petite ce qui est un atout pour mon employeur actuel. Et, plus important encore pour ma carrière, cela m'a permis de me tenir informée des réglementations du marché d'une façon qui me rendait plus efficace que si j'étais restée dans le marché des grandes sociétés. Ma formation m'a aussi permis de connaître le fonctionnement d'autres sociétés que celle dans laquelle j'avais travaillé toute ma vie ainsi que le fonctionnement de différents services comme le service Communication d'Entreprise.

J'ai une autre amie qui a aussi su rester en phase avec le marché durant une pause dans sa carrière. Il s'agit d'Anne Spackman, modératrice au *Times*. Après des débuts brillants dans le journalisme, elle a participé au lancement de *The Independent*. Quand elle a eu ses garçons, elle a cherché un travail qui lui permettrait de rester en contact avec le journalisme avec des horaires très limités. Elle a démissionné de son poste de rédactrice en chef du supplément week-end de *The Independant* et a proposé d'être la correspondante Immobilier du journal pour un salaire équivalent au budget de la page immobilier de l'époque. Cela signifiait écrire deux articles par jour (à n'importe quel moment de la journée) au lieu de travailler un nombre déterminé de jours. Elle travaillait en moyenne vingt-sept heures par semaine.

Pourquoi a-t-elle fait ce choix ?

Il n'y a pas beaucoup de journalistes ambitieuses, surtout avec des références similaires à celles d'Anna, qui auraient accepté d'écrire des articles sur des maisons mitoyennes à quatre chambres et les taux d'intérêt. Mais elle a compris qu'au lieu de tout arrêter, elle resterait en contact avec son journal et gagnerait un peu d'argent, tout en ayant du temps pour sa famille. Lors d'un entretien récent avec moi, elle s'est souvenue de l'enthousiasme avec lequel elle avait démarré ce nouveau métier :

❝ Je trouvais que les journaux ne reflétaient pas l'importance que l'immobilier avait pour leurs lecteurs – c'était avant l'apparition des cahiers Immobilier. Cela m'a donné l'occasion d'écrire sur des tas de sujets allant de l'économie aux taux d'intérêt en passant par la vie des VIP dans un domaine où j'avais peu de concurrents. J'ai adoré cela. ❞

Anne a ensuite été chassée par le *Financial Times* pour ses propres pages Immobilier, ce qui a enrichi encore plus son CV. Quand ses enfants ont grandi, elle a repris un travail à plein temps après avoir été chassée par le *Times* pour lancer son très réputé supplément Immobilier. Cela a été un grand succès commercial. Elle a ensuite été choisie pour gérer le changement de format du *Times* et est devenue directrice de la rédaction, puis rédactrice en chef de *Times Online,* et maintenant modératrice.

Résultat, son mari qui subvenait en grande partie aux besoins de sa famille quand elle élevait leurs enfants et écrivait des articles sur l'immobilier, peut maintenant faire la carrière plurielle qu'il souhaitait.

Qu'avons-nous appris dans ce chapitre ?

Les diplômes sont importants parce qu'ils augmentent la confiance en soi, prouvent de façon tout à fait indépendante nos compétences et nous relient à d'autres gens.

L'endroit où on les a préparés compte pratiquement autant que les diplômes eux-mêmes. C'est principalement pour cela qu'il faut soutenir les écoles où vous êtes allée et qui figureront toujours sur votre CV.

L'expérience est aussi très importante et il faut y réfléchir transversalement pour l'acquérir dans les bons endroits.

Et puis, il faut suivre l'excellent exemple de Julia Bowden ! (Elle devrait d'ailleurs peut-être apprendre à ne pas tant bavarder quand elle met de l'eye-liner aux clients car ils risquent d'en parler un jour dans un livre.)

Donc « ce que vous savez » est nécessaire. Mais, comme le disent les spécialistes de la logique : « nécessaire ne veut pas forcément dire suffisant ». Pour réussir dans la vie, il faut combiner « ce qu'on sait » avec « qui on connaît ». C'est ce que nous allons voir dans le prochain chapitre.

DEVOIRS POUR FEMMES AMBITIEUSES

Au début de votre carrière

1. Comment savoir si vous étudiez les bonnes matières ? Réfléchissez à ce que vous espérez faire après, trouvez des gens qui y travaillent ou y enseignent, et posez-leur la question.
2. Comment acquérir l'expérience dont vous aurez besoin plus tard ? Écrivez le nom des trois sociétés où vous aimeriez vraiment travailler puis réfléchissez aux différentes façons d'y arriver.
3. Y a-t-il un diplôme qui pourrait être utile à votre carrière ? Trouvez quand vous pourrez le préparer – et pas d'excuses.

À un stade ultérieur

Si votre carrière n'a pas évolué comme vous l'espériez, réfléchissez aux points suivants :

1. Vous manque-t-il une formation complémentaire ? Listez les raisons qui vous empêchent de la faire dans l'année qui vient. Comment pouvez-vous y remédier ?
2. Contactez un chasseur de têtes ou allez voir une personne plus haut placée que vous dans votre métier / votre entreprise et montrez-lui votre CV. Demandez-lui quelle expérience ou quel diplôme l'amélioreraient. Puis fixez-vous une échéance à un an pour au moins commencer à travailler sur les problèmes qu'il a identifiés.

CHAPITRE 2

VOTRE RÉSEAU

Ce que vous savez, vos connaissances, sont les fondations de votre carrière. Mais vous ne pourrez guère aller au-delà du premier étage si vous n'avez pas les bons matériaux, et le matériau le plus important, c'est un bon réseau.

Désolée pour ceux qui croient que la vie devrait être une mérito-cratie basée sur le principe du « ce qu'on sait » au lieu du « qui on connaît ». La vérité c'est que, si vous voulez atteindre le but que vous vous êtes fixé, vous devez être à la fois bonne dans ce que vous faites et bonne pour tisser des liens avec des gens importants.

J'ai une excellente histoire pour illustrer cela : l'histoire des deux petits déjeuners.

En janvier 2006, Cynthia Carroll séjournait seule dans un hôtel en Suisse. Elle avait déjà bien réussi car elle était le P-DG du groupe Alcan Primary Metal, le deuxième plus grand producteur d'alumi-nium du monde. Six semaines plus tôt, elle avait fêté son quarante-huitième anniversaire. (Dans l'une des versions de cette histoire, on la décrit comme « une femme d'affaires américaine d'âge moyen ». Je m'insurge contre le terme « âge moyen ». Vous la connaissez ? Il n'y a rien « de moyen » chez elle.)

Quand elle était descendue prendre son petit déjeuner aux aurores (7 heures), il n'y avait qu'une autre personne dans la salle, un Anglais affable aux cheveux blancs. Elle s'est assise près de lui et a engagé la conversation. Il s'appelait Sir Mark Moody-Stuart et était le président de la compagnie minière Anglo American, l'une des plus grosses compagnies du monde. Moins de dix mois plus tard, Cynthia Carroll est devenue la première P-DG femme et non sud-africaine du groupe.

Quelle leçon en tirer ?

Qu'il faut prendre un petit déjeuner en Suisse en janvier pour avoir plus de chances que la moyenne de réaliser vos rêves. Tous les mois de janvier, dans une petite station de ski à l'est de la Suisse, les hommes politiques et les hommes d'affaires du monde entier se réunissent avec une cohorte de leaders d'opinions dans le domaine de l'art, des sciences et de l'économie, pour débattre des sujets brûlants du moment. C'est le forum économique mondial qui se tient chaque année à Davos.

Cela ne sert à rien de diriger brillamment une entreprise spécialisée dans le métal si personne ne le sait.

Mais les résultats obtenus par Cynthia Carroll chez Alcan devaient suffire, non ? Avait-elle vraiment besoin d'aller en Suisse pour rencontrer Sir Mark Moody-Stuart et être ajoutée à la short-list du chasseur de têtes qui travaillait pour Anglo ?

Sir Moody-Stuart est un président expérimenté réputé dans le monde entier et il ne se contente pas d'une rencontre impromptue à l'heure du petit déjeuner pour proposer un travail à quelqu'un. Cynthia Carroll (sur le CV de laquelle figure un MBA de Harvard et plusieurs années à diriger une grande entreprise bien cotée) aurait passé des tas d'entretiens, à la fois avec le chasseur de têtes et les membres du conseil d'administration d'Anglo, et aurait été comparée à d'autres candidats avant de se voir offrir ce poste. Et je peux vous dire par expérience, que même les plus grands chasseurs de têtes ne sont pas des ordinateurs mais des hommes. Quand on cherche un profil particulier, on tient compte des recommandations personnelles. Et encore plus d'une recommandation du président. Il l'avait rencontrée, lui avait parlé et elle l'avait impressionnée.

Deux ans plus tard, en janvier 2008, je séjournais seule dans un hôtel en Suisse. J'étais déjà une chef d'entreprise prospère et j'avais ma propre rubrique hebdomadaire dans le supplément week-end du *Financial Times*. Et six semaines plus tard, j'allais avoir quarante-six ans. En descendant prendre mon petit déjeuner un peu plus tard qu'aux aurores (8 h), j'ai vu une tête sympathique. Non, ce n'était pas Sir Mark Moody-Stuart. C'était quelqu'un que j'avais déjà brièvement rencontré, le patron européen d'un groupe mondial de traitement de paiements. Je suis allée m'asseoir à son côté et on s'est mis à parler.

Le lendemain, il m'a envoyé une invitation à une chasse à la perdrix en Espagne. À l'époque, je n'étais jamais allée chasser en Espagne et je rêvais d'y être invitée, pas seulement à cause du temps qui est beaucoup plus agréable qu'en Angleterre, mais parce que tous les grands directeurs s'y retrouvent avec leurs conseillers.

Comme prévu, quand j'y suis allée, le soleil brillait – et mes compagnons se sont avérés être des gens immensément intéressants pour mon entreprise, alors qu'en temps normal j'aurais eu toutes les peines du monde à les rencontrer.

À une époque où Facebook, Twitter, LinkedIn et autres réseaux sociaux sont capables de mettre en relation des millions de gens, est-il nécessaire d'aller en Suisse en janvier ou à une partie de chasse en Espagne ?

Le Forum économique de Davos même pour ceux qui y participent peut être, comme me l'a confié un P-DG, « une sorte de zoo ». Les mesures de sécurité sont dignes d'un grand aéroport international. Les possibilités de logement sont rares et à moins d'être le Président des États-Unis ou le président d'une des plus grandes banques mondiales, on est relégué à Klosters à presque une demi-heure de route de là. Et si vous êtes encore plus anonyme que cela, comme moi, vous logez quelque part à mi-chemin vers Zurich et devrez vous réveiller avant l'aube pour pouvoir être en poste à 8 heures.

Alors Davos est-il nécessaire ?

La réponse est oui.

Bien sûr on peut voir les débats par podcast. Mais la prolifération des réseaux sociaux rend les vrais tête-à-tête encore plus importants. Il y a en effet tellement de gens reliés par Internet qu'il est difficile de faire la distinction entre eux. Vous devez en rencontrer beaucoup, pour de vrai, avant de déterminer lesquels vous voulez vraiment avoir dans votre réseau et lesquels vous pouvez oublier.

Choisissez qui inclure dans votre réseau

J'utilise trois filtres et aucun d'eux n'est : « Cette personne va-t-elle un jour m'être utile ? » Non seulement il est impossible de connaître la réponse à cette question (il vaut mieux partir du principe que tous les gens que vous rencontrez peuvent jouer un rôle dans votre vie pour les traiter comme tels), mais ce genre de filtre fera de vous une égoïste qui aura toutes les peines du monde à se construire un réseau valable sur le long terme.

Mes trois filtres (et j'ai mis du temps à me rendre compte que je les utilisais) sont :

1. Aimes-tu cette personne ? Aimes-tu être avec elle et as-tu l'impression que c'est réciproque ? Serais-tu heureuse de te retrouver coincée dans un train pour l'Écosse avec elle ?

2. Admires-tu cette personne ? Admires-tu son parcours, sa compétence ou autre chose comme sa générosité et sa gentillesse ? Est-elle un exemple pour toi ? Peut-elle t'apprendre quelque chose ?

3. Lui fais-tu confiance ? Au début, c'est souvent instinctif, mais cela finit par se confirmer de façon concrète, c'est pourquoi j'essaie de voir plusieurs fois la personne concernée.

Vous n'avez pas besoin de remplir ces trois critères pour que j'aie envie de vous avoir dans mon réseau. Bien sûr, ce serait super si c'était le cas. Mais un seul suffit pour me donner envie de mieux vous connaître.

Quel que soit le filtre que vous utilisez, vous devez vous construire un réseau. Je connais plein de gens, hommes et femmes, qui trouvent cela difficile. Mais apparemment les femmes encore plus que les hommes. Et, si j'en crois un article paru récemment dans la *Harvard Business Review*, elles n'entretiennent pas assez ce que l'auteur appelle leur « capital relationnel ». Certaines femmes ne trouvent tout simplement pas le temps de le faire et d'autres n'aiment pas rencontrer de nouvelles personnes et n'ont pas envie de consacrer du temps et de l'énergie à rester en contact avec elles.

Mais si vous rêvez de hautes fonctions, dans n'importe quelle profession, avoir un réseau ne fait pas seulement «bien», c'est « indispensable ».

Alors sortez et rencontrez des gens.

Votre plan d'action pour avoir un bon réseau

Voici quelques très bons conseils trouvés dans un livre sur les réseaux sociaux paru récemment.

■ Souvenez-vous qu'on rencontre des gens tout le temps et qu'on n'entretient pas son réseau uniquement lors d' « événements ». Développez un style qui vous correspond et montrez-vous sous votre «vrai jour» : l'alchimie personnelle compte aussi beaucoup

■ Pour commencer sur de bonnes bases, proposez votre aide à des gens dont vous n'avez pas besoin vous-même. Choisissez les deux ou trois choses dont vous voulez que les gens se souviennent en pensant à vous – ayez conscience de vos atouts et mettez-les en avant

- Si vous ne travaillez pas, faites-vous faire des cartes de visite professionnelles de bonne qualité

- Ne critiquez jamais les autres – sinon vos interlocuteurs se demanderont ce que vous dites d'eux dans leur dos. Le monde est petit, vous savez

- Faites-vous une base de données – mettez-y des détails personnels qui briseront instantanément la glace, comme le nom de leurs enfants et, si possible, la dernière fois où vous vous êtes parlé et de quoi.

Allez aussi à des soirées et des événements auxquels vous n'avez pas spécialement envie d'aller. Surtout au début de votre carrière. On ne sait jamais qui on peut rencontrer.

On m'accuse parfois d'accepter les invitations sans prendre la peine de décacheter les enveloppes. C'est totalement faux – cela dépend de la taille, de la forme et de la couleur de l'enveloppe. Et aussi du genre de papier qu'il y a à l'intérieur. Ce qui est vrai, c'est que quand j'ai changé de métier pour la première fois et monté ma propre entreprise, je suis allée absolument à tout. Même aux soirées auxquelles je n'étais pas invitée.

Quand j'ai quitté mon travail dans une banque d'investissement en 2000, j'ai découvert en une nuit que j'étais devenue une moins que rien. Soudain, j'étais exclue de tous les événements professionnels auxquels j'étais systématiquement invitée et dont je revenais, je le réalisai alors, avec plein de contacts utiles.

Un de ces événements était une remise de prix pour des petites et moyennes entreprises cotées en bourse qui avait lieu dans un hôtel chic de Londres. J'ai décidé d'y aller même si je n'avais pas été invitée. J'ai mis une robe de soirée, pris une pochette mais pas de manteau (c'était début mars et il gelait) et quand je suis entrée, j'ai fait comme si j'étais allée fumer une cigarette dehors. Cela a merveil-leusement bien marché et j'ai pu aller dans la salle de cocktail et demander à des gens que je connaissais déjà de me présenter à ceux que je ne connaissais pas. Personne ne savait que je n'étais pas invitée.

Le moment crucial, c'est quand on nous a appelés pour le dîner car je n'avais pas de place réservée. J'ai rapidement parcouru le plan de table et vu que le *Financial Times* en avait un. Je me suis faufilée dans la salle à manger avant tout le monde et j'ai demandé à un serveur d'ajouter un couvert à la table du *Financial Times*.

La table était présidée par l'équipe commerciale du *Financial Times*, ce qui veut dire que leurs invités étaient tous des annon-ceurs. J'ai eu de la chance : ils étaient ravis de rencontrer quelqu'un de l'équipe éditoriale à qui personne n'a pensé demander ce qu'elle faisait là. J'ai rencontré des tas de gens intéressants ce soir-là et j'ai gardé le contact avec eux par courrier et courriel. J'ai suggéré à un de mes nouveaux contacts de m'inviter l'année suivante, et il l'a fait.

Je me suis ainsi incrustée dans presque tous les événements qui comptaient – même si, en général, je trouvais un moyen officiel de le faire. Je ne vous dirai pas lesquels et comment j'y suis parvenue pour que les organisateurs de ce genre d'événements ne blindent pas tout.

Ayez conscience de l'importance des réseaux

Tout le monde sait qu'avoir un réseau est important. Il y a même une expression officielle pour cela, « capital social », qui a été créée il y a près d'un siècle. J'ai écrit une thèse sur un sujet semblable, mais je ne veux pas vous ennuyer avec tous ces écrits. Le principe, c'est que votre réseau est aussi important pour vous (et – et c'est essentiel – encore plus important pour vos employeurs actuels et futurs) que vos diplômes et votre expérience. Il est donc capital, si vous voulez accéder à un poste de haut niveau, d'avoir un solide réseau.

On peut désormais se construire d'immenses réseaux personnels sur Internet. Mais je ne parle pas de réseaux virtuels. Le nombre de gens que l'on connaît et leur importance sont moins cruciaux que notre degré d'intimité avec eux. Pour moi, quelqu'un fait partie de mon réseau s'il répond à mes courriels ou à mes coups de fil.

Cela fait combien de personnes pour vous ?

Si vous avez parfois des moments de découragement et avez besoin d'une petite perfusion d'énergie, essayez d'aller écouter Lynda Gratton. Lynda est professeur de Pratiques de gestion dans mon ancienne école, la London Business School, est à la fois un modèle pour moi et un puits de science. C'est la personne pour laquelle l'expression « enthousiasme contagieux » a été inventée. Elle a sept ans de plus que moi, en fait cinq de moins et a l'énergie d'une gamine de dix ans. Et elle a de l'ambition à revendre : elle a déclaré un jour vouloir « changer le monde ». Cette pétillante et magnifique maman de deux enfants issue d'un lycée de Cumbria a publié des tas d'articles et sept livres dont le plus récent est *The Shift* dans lequel elle traite de l'importance des réseaux.

~~Quand j'ai entendu pour la première fois Lynda parler de réseaux, elle employait à peine ce mot.~~ Elle utilisait un terme qui décrit parfaitement mon propre réseau : « une communauté régénératrice ». ~~Excellent ! Ça traduit parfaitement ce que sont les meilleurs réseaux :~~ un ensemble de liens avec des gens qui, à leur tour, nous présentent de nouvelles personnes. Tout réseau – pardon, toute communauté – connaît une déperdition naturelle, et certaines des personnes les mieux placées pour nous aider à la compenser sont celles qu'on a rencontrées *via* d'autres connaissances, car elles ont déjà fait l'objet d'une pré-sélection.

Dans son dernier livre, Lynda dit qu'il faut avoir trois réseaux distincts pour « créer de la valeur ».

L'« escorte»

C'est le premier et le plus proche réseau. Ce sont les gens sur lesquels vous pouvez compter pour relever de grands défis. C'est souvent un groupe assez restreint qui a une certaine expertise dans ce que vous faites. Il y a suffisamment d'interactions dans ce groupe pour que vous vous compreniez vraiment et que vous apportiez rapidement une plus-value. Les membres de votre « escorte » vous font confiance – ils ont déjà « bourlingué » avec vous – et vous les avez aussi déjà aidés.

Mon « escorte » à moi, dans ma vie professionnelle, ce sont mes collègues de travail. Je dirige une petite société comptant moins de vingt employés, mais je sais que je peux compter sur chacun d'eux pour me sortir d'une mauvaise passe si j'en ai besoin. ~~Ils me connaissent tous bien et sont déjà montés au front avec moi.~~ On a relevé des défis difficiles (à la fois professionnels et personnels) et ils savent qu'ils peuvent aussi compter sur moi.

Chez moi, c'est mon mari et mes Coûts de Cœur, mes parents, plus un tout petit nombre d'amies proches qui, je le sais, accourraient pour m'aider à la moindre demande, sans poser de questions et sans me juger.

~~Et vous, qui compose votre « escorte » ?~~

Votre réseau « Grandes Idées »

Le deuxième réseau qu'il faut avoir, selon Lynda, pour réussir dans la vie, c'est le réseau des « Grandes Idées » basé sur des gens qui sont complètement différents de vous. C'est l'association de leurs idées et des vôtres qui fait émerger les « Bonnes Idées » dont le principal intérêt est de vous obliger à penser en dehors des clous.

Elle conseille d'inclure dans ce réseau des gens qu'on rencontre par hasard ou des amis d'amis. Même si vous êtes très différents les uns des autres, vous êtes tous prêts à faire un effort pour mieux vous connaître.

Il y a beaucoup d'amis de ce genre. Alors que le réseau « Escorte » peut ne compter que trois membres, le réseau « Grandes Idées » devrait en avoir des centaines, même des milliers. Selon Lynda, il peut très bien être virtuel *via* Facebook, Twitter ou des blogs. (Apparemment, elle n'y inclut pas LinkedIn. En effet, même si LinkedIn a sa place dans la vie d'une femme ambitieuse comme nous allons le voir plus loin dans ce livre, il n'aide pas à générer de « Grandes Idées »).

Je n'ai pas de page Facebook, j'ai un compte Twitter mais je ne tweete pas et je ne suis fidèle qu'à un blog, le blog que l'ancien rédacteur du *Financial Times* a ouvert quand il a quitté Londres pour aller s'installer en Afrique du Sud. (Il m'a d'ailleurs donné une « Grande Idée » puisque j'ai moi-même quitté Londres pour l'Afrique du Sud.) Ce manque d'intérêt pour les réseaux sociaux virtuels est probablement générationnel, mais je comprends la nécessité d'avoir un réseau de « Grandes Idées ». Quand je repense à mes Grandes Idées à moi, au travail et à la maison, je me rends compte qu'elles m'ont été inspirées par des gens que j'ai rencontrés et avec lesquels je n'avais presque rien en commun.

La communauté régénératrice

Voyons enfin le troisième réseau qu'il faut avoir, selon Lynda, pour réussir dans la vie, le réseau qu'elle appelle « la Communauté régénératrice ». Comme je vous l'ai déjà dit, j'aime cette expression. En ce qui me concerne, je pense que mon réseau « Grandes Idées » et ma « Communauté régénératrice » ne font qu'un : un grand réseau de gens dont je ne suis pas particulièrement proche (ou, dans la plupart des cas, avec qui je n'ai pas grand-chose en commun) mais que je respecte, qui m'intéresse, à qui je fais confiance et dont j'apprécie la compagnie. Mes idées me viennent d'eux – comme mes sources d'inspiration et la plupart de mes nouveaux contacts – et ils me sont d'une aide précieuse quand j'essaie d'atteindre mes objectifs.

Lynda m'a expliqué, alors que nous sirotions ensemble un verre de vin blanc italien, qu'elle n'utilisait pas le mot « régénératrice » de la façon dont je l'interprétais. Par « Communauté régénératrice », elle entend « un réseau de gens qui donnent de l'énergie, qui motivent, qui font bouger et poussent à faire les choses ». Alors que pour moi, c'étaient « des gens qui regarnissaient un réseau ».

Quoi qu'il en soit, nous sommes d'accord sur le fait qu'un réseau est vital pour une femme ambitieuse.

Janet Hanson sait parfaitement en quoi consiste une « communauté régénératrice ». DG de Goldman Sachs et mère de deux enfants, Janet a fondé 85 Broads[2] en 1997. À la base, Janet a créé cet organisme pour que les femmes travaillant ou ayant travaillé chez Goldman Sachs aient un réseau où parler de leur carrière et de leur vie personnelle. (Goldman Sachs se trouve au 85 Broad Street à New York). Son réseau compte maintenant plus de 20 000 membres et inclut des femmes actives de différents horizons. Cela a été une communauté régénératrice pour Janet mais aussi pour des milliers de femmes dans le monde.

2. Réseau mondial de femmes ayant pour but de donner une valeur professionnelle et sociale à ses membres.

Entretenez vos réseaux

Il faut commencer, et c'est aussi important qu'évident, par l'entreprise ou le groupe où vous êtes en poste. Les réseaux internes permettent d'avoir des aides, des tuyaux et d'être informée des opportunités de postes. Ces réseaux devraient être composés des membres les plus qualifiés de l'entreprise ainsi que de collaborateurs de tous niveaux.

Une étude menée auprès de plus de 100 femmes cadres dans des services financiers en 2011 a montré que beaucoup de femmes ont souffert du comportement « peu serviable » de leurs collègues féminines qui rechignaient à les aider sous prétexte que personne ne l'avait fait pour elles. Tout cela manque de vision. Dans un livre sur des femmes dirigeantes, on nous rappelle que l'avancement au travail « découle du soutien qu'on apporte à ses collègues et pas seulement de l'aide qu'on attend d'eux ».

Autrement dit, c'est du gagnant-gagnant.

Et il ne faut pas toujours faire dans la dentelle. Chaque entreprise, grande ou petite, a sa propre politique interne et il est vrai que certaines femmes renâclent à y participer – au détriment, si l'on en croit Avivah Wittenberg-Cox et Alison Maitland dans leur utile : *Womenomics, la croissance dépend aussi des femmes* (éd. Eyrolles, 2008).

Quand les femmes condamnent la politique [sur leur lieu de travail] et n'y participent pas, elles se retirent du jeu sans en avoir conscience. Elles passent tout leur temps à appliquer à la lettre leur descriptif de poste. Les employeurs intelligents le savent – et les adorent pour cela. C'est pour cela que les femmes sont très appréciées à des postes d'encadrement intermédiaire. Ce sont de formidables abeilles ouvrières. Mais les abeilles ouvrières deviennent frustrées quand elles voient que ceux qui sont promus sont ceux qui ont passé beaucoup de temps à entretenir leur réseau, faire des alliances et « manager vers le haut ».

Si vous voulez avoir un jour un poste de haut niveau, il ne faut pas vous contenter de faire votre travail. Si vous voulez faire une carrière de haut vol, il vous faut un réseau.

Vous devinez aussi sans doute que je suis une fervente adepte de la persévérance – qui paie généralement.

Crystal Christmas-Watson, directrice générale de Residence Inn by Marriott Pentagon City, était une ambitieuse jeune femme désirant faire carrière dans l'équipe de vente. Elle a demandé à son patron de la présenter au directeur régional des ventes la prochaine fois qu'il viendrait en ville. L'histoire de Crystal a été publiée sur le site Working Mother.

L'entretien a été cordial mais bref – sans aucune proposition – mais Crystal a persévéré. « Chaque fois qu'il venait, je lui demandais : « Pouvez-vous m'accorder cinq minutes de votre temps ? » se rappelle-t-elle en riant. Huit mois plus tard, Crystal a fait une formation vente en interne.

Chouchoutez les membres de votre réseau

L'un des principaux défis quand on se construit un réseau, c'est qu'on finit par se retrouver avec plus de membres intéressants que d'heures dans une journée. Il est aussi important que les membres de votre réseau sentent que vous les appréciez – comme me l'a dit un banquier l'an dernier : « Si les membres de mon réseau ont l'impression que je me fiche d'eux, à quoi bon en faire partie ! » (J'estime que quelqu'un fait partie de ma « communauté » quand je sais qu'il répondra à mes coups de fil ou à mes courriels.)

Il existe une idée reçue selon laquelle on ne peut pas gérer une communauté de plus de 1 000 personnes. La mienne en compte 2 500. Le truc pour rester en contact avec elles, c'est de voir les gens en tête à tête aussi souvent que possible. Les étudiants en – je cite

– « théorie de la richesse des médias » savent que les courriels et autres moyens de communication électroniques (y compris les réseaux sociaux) ne sont pas particulièrement efficaces pour nouer des contacts, ce qui n'est pas surprenant quand on sait que 85 pour cent de la communication est non verbale.

Pas évident pour autant de voir en tête à tête autant de gens, avec le risque de *burn out* que cela comporte – surtout au tout début d'une carrière quand on essaie de se construire une communauté régénératrice.

Une de mes plus anciennes employées m'a récemment présentée à son amie Marisa Leaf, la fondatrice et dirigeante d'Hubbub, une société de livraison de repas à domicile basée à Londres. Marisa, qui vient de passer le cap de la trentaine, dit qu'il est facile d'oublier la frontière entre son travail et sa vie personnelle quand on gère sa propre affaire – surtout quand cette affaire a une dimension sociale comme la nourriture.

La plupart des entreprises reposent sur des réseaux de toutes sortes. Ce serait facile pour moi de passer mes soirées et mes week-ends dans des ateliers de dégustation, des petits restaurants locaux, des cours de cuisine, des conférences, des lancements de produits, des groupes d'entrepreneurs, des clubs, etc. parce que c'est très utile – et très divertissant. Mais le manque de frontière entre travail et vie personnelle, plus le fait d'être constamment « de garde », peut gravement impacter sur sa vie privée et sa capacité à penser clairement.

Comme l'a découvert Marisa, ce n'est pas facile d'entretenir un réseau.

Combien de temps devez-vous y consacrer pour voir suffisamment de gens sans que cela empiète complètement sur votre vie ?

Le temps en solo, le temps de la réflexion, est très précieux comme l'a appris Marisa.

Voici ce que je préconise : plusieurs petites réunions sur des bases régulières et une plus grande environ une fois par an. ~~Mieux encore, essayez de créer un événement « personnel ». Il y a des tas d'événements comme cela au Royaume-Uni où les gens seraient prêts à tuer pour être invités.~~

L'un des meilleurs exemples d'événement « personnel » est l'inauguration du Chelsea Flower Show avec des tickets coûtant jusqu'à 500 livres (640 euros) ~~et qui sont si rares qu'ils sont alloués par tirage au sort. Les banques, les cabinets comptables et les cabinets d'avocats envoient leurs plus gros clients s'y divertir. Vous vous demandez sans doute pourquoi tant de présidents et de P-DG s'intéressent aux fleurs au point de s'arranger pour être en Angleterre le troisième lundi de mai. C'est parce que les organisateurs sont très futés – ils invitent aussi les conjoints.~~ Cela fait la particularité d'un événement que plus personne n'ose rater.

Quand j'ai acheté mon entreprise il y a presque sept ans, j'ai été aidée par le P-DG de l'une des plus grandes sociétés de biens de consommation qui m'a dit que le plus important, c'était de créer un événement à mon nom.

J'ai essayé d'en créer plusieurs.

J'ai organisé un petit déjeuner privé une fois par mois au Walbrook Club, un club privé au cœur du quartier financier de Londres – dans une salle privée pour six à huit personnes. Le petit déjeuner est un bon repas car il ne prend qu'une heure environ dans un emploi du temps surchargé contre trois pour un dîner. Je n'ai pas de speaker mais j'ai fait venir un journaliste et un banquier à chaque petit déjeuner pour que mes invités sachent qu'ils verraient des gens intéressants. J'ai limité le nombre de mes invités qui, je l'espère, se sont sentis privilégiés. À mon travail, je pense à noter des idées d'invités. Puis, une fois par mois, j'envoie des invitations en précisant les prochaines dates (au cas où ils ne pourraient pas venir à celle indiquée).

J'ai aussi créé un ball-trap exclusivement féminin, chaque printemps, pour initier les femmes à ce sport (et faire connaissance). C'est vrai qu'en Grande-Bretagne, beaucoup de cadres haut placés dans des groupes, mais aussi beaucoup de banquiers, d'avocats et de financiers appartiennent à un « club ». Ils se retrouvent et chassent ensemble. Ce ne sont pas des « clubs » officiels. Ce sont juste des membres qui se rencontrent lors de parties de chasse, qui sympathisent et qui s'invitent. Je connais un P-DG qui, quand il a été nommé à ce poste, a été pris à part par son président qui lui a demandé d'apprendre à tirer pour se faire les relations dont il aurait besoin dans son nouveau poste.

Il y a peu de femmes dans ce « club » professionnel. Pourtant, le tir est un sport intéressant pour une femme car (contrairement par exemple au tennis ou au golf) les règles du jeu sont équitables pour tous. Quand on est nulle en golf, on peut sérieusement gâcher la journée de son partenaire. Quand on fait du tir, même si on n'est pas très bonne (et je suis franchement très moyenne), cela ne gêne pas les gens avec qui on est – sauf, bien sûr, si on leur tire dessus dans le pur style de Dick Cheney[3]. Si vous n'êtes pas dangereuse et que vous êtes agréable en société, on vous réinvitera. Personnellement, je n'ai jamais été bonne au golf – et, comme Monsieur M. est excellent – j'ai préféré laisser tomber. Et puis il veut tout le temps me donner des instructions – fais ci, fais ça, écarte plus les jambes, etc. (Je lui ai dit que s'il me donnait autant d'instructions au lit, on ferait plus d'étincelles.)

Alors comment me suis-je mise au tir quand j'ai compris que j'en avais besoin pour ma carrière ?

J'ai pris des leçons pendant un an puis j'ai fait équipe avec une amie pour organiser des parties de tir sans me ruiner et avoir ainsi la

---

3. Vice-président américain qui aurait commandité l'assassinat de l'ancien Premier ministre libanais, Rafic Hariri.

possibilité de rencontrer d'autres gens. Puis, quand je me suis sentie prête à organiser mon propre événement, j'ai demandé au seul grand P.-D.G. que je connaissais s'il acceptait d'être mon invité et j'ai fixé une date qui lui convenait. Puis j'ai invité d'autres P-DG qui sont tous venus parce que l'autre venait.

Cela a très bien marché.

C'était il y a longtemps et je suis maintenant beaucoup plus connue – à la fois comme hôte et comme invitée. Mais ce début m'a été bénéfique.

Je dirige une entreprise florissante et je peux me permettre ce genre de divertissement. Mais après avoir quitté ma banque d'investissement, j'ai travaillé comme employée pendant des années avant de pouvoir acheter ma propre société. Je gagnais alors beaucoup moins d'argent qu'à la banque et je ne pouvais pas me permettre de faire des folies.

J'ai donc créé une autre sorte d'événement « personnel » que j'ai appelé le MM Club où j'invitais une douzaine de femmes que j'admirais à dîner – en leur demandant à toutes d'amener une amie. Je payais la location de la salle et les boissons, mais chacune payait son repas. Cela m'a permis de maîtriser mes coûts et d'agrandir mon réseau. Le MM Club n'existe plus depuis longtemps mais ma société continue d'appliquer la stratégie du « amenez un(e) ami(e) » pour augmenter le nombre de ses contacts.

Je me suis aussi greffée à plein d'autres communautés en cherchant des entreprises qui s'adressaient aux mêmes catégories de gens que moi sans me faire concurrence. (D'autres organisations le font – le secteur de la banque privée, en particulier.) Par exemple, ma société s'associe une fois par an avec un détaillant de vêtements haut de gamme. Le jour J, ils ouvrent deux heures plus tôt et offrent du café et un petit déjeuner à nos invités. Nous réussissons ainsi à faire venir un grand nombre de personnes qui ne seraient pas venues autrement et à leur montrer les produits, les sacs et les bijoux de la boutique. Nous avons monté plusieurs opérations de ce genre – certaines à beaucoup plus petite échelle – avec d'autres détaillants.

Je fais cela (me greffer) depuis aussi longtemps que je me souviens. Il y a vingt ans, quand j'étais une jeune analyste boursière du marché du tabac, j'ai réalisé que Rothmans possédait Cartier et Dunhill (maintenant sous l'égide du groupe Vendôme) et qu'ils sponsorisaient ensemble l'un des matchs de polo les plus prestigieux du Royaume-Uni. J'ai demandé au directeur financier de Rothmans, mon seul contact dans cette société, si je pouvais amener un groupe de leurs grands investisseurs (mes clients) voir ce match. Ils se contentaient normalement d'inviter leurs fournisseurs et leurs gros clients à ce genre d'événement, mais ils ont accepté volontiers et c'est ainsi que j'ai pu faire boire le thé à mes clients avec la Reine (qui, à l'époque, prenait un thé là-bas et remettait les prix aux vainqueurs).

Dans tous ces exemples, nous avons essayé de trouver des lieux que nos invités ne connaissaient pas forcément en faisant jouer nos relations.

L'importance des modèles

Alison Platt, directrice de la division Europe d'une entreprise spécialisée dans les assurances santé, a acquis de l'assurance – ce qui est un thème récurrent dans ce livre – et, sans aucun doute, de la sagesse en s'inspirant de modèles féminins qu'elle s'est choisis.

Voici ce qu'elle dit à propos de ses débuts :

❝ Je réalise maintenant combien j'étais ignorante à l'époque. J'aurais vraiment pu paniquer. Au contraire, j'avais de l'assurance et c'était en partie grâce aux fabuleux modèles que j'avais chez British Airways et Bupa. ❞

Le MM Club n'était ouvert qu'aux femmes. Les gens m'ont souvent interrogée sur ces événements exclusivement féminins.

Sont-ils utiles ? Doit-on y aller ?

Soyons réalistes : si les hommes organisaient des événements exclusivement masculins, on ferait un scandale.

Mais j'aime les événements exclusivement féminins parce que je pense que c'est un bon galop d'essai pour la véritable épreuve (sous-entendu un événement avec des hommes) surtout quand on sait que, très souvent, « mixte » signifie « surtout avec des hommes ».

Les événements en interne exclusivement féminins sont bons *pour encourager les autres*. Ils aident les femmes à se trouver des modèles, à se construire un réseau et à prendre de l'assurance – tout cela loin de leurs collègues masculins.

Les événements exclusivement féminins en externe donnent l'occasion de rencontrer d'autres femmes et de se faire des amies en discutant de vêtements, de coiffure et d'enfants – des sujets qu'on n'aborderait jamais avec un homme. Je considère ces occasions comme un entraînement pour les femmes qui se préparent à intégrer des réseaux mixtes, et non comme le parent pauvre de ces réseaux.

De plus, les événements exclusivement féminins permettent de se faire des relations sans risquer qu'on se méprenne sur vos intentions. Au début de votre carrière (et parfois même longtemps après), les efforts que vous ferez pour tisser des liens avec des hommes peuvent donner lieu à des invitations déplacées. Tout devient bien sûr plus facile une fois qu'on est mariée et qu'on est plus âgée (et plus grosse, en ce qui me concerne), mais il faut en avoir conscience. Je suis tout à fait d'accord pour utiliser, à des moments opportuns, ce que l'auteur Catherine Hakim appelle le « capital érotique » – une combinaison vague mais cruciale d'attirance physique et sociale – à condition d'être prête à gérer les éventuels inconvénients.

Les meilleures associations naissent de réseaux exclusivement féminins qui existent pour autre chose que pour des rencontres.

Prenez l'association 100 Women in Hedge Funds, par exemple. Sa version américaine est un groupe avec un centre d'intérêt commun qui publie des travaux sérieux (sur des sujets aussi mystérieux que la variation de l'alpha) et organisent aussi beaucoup d'événements caritatifs. J'y suis très favorable. Cela remplit tous les critères décrivant un organisme que je voudrais intégrer : professionnel et dévoué à une cause.

Arianna Huffington est un exemple récent de femme qui a monté une affaire florissante grâce à son réseau. Arianna a créé le site d'informations américain et le blog *The Huffington Post* en 2005. Elle s'est judicieusement servie de son réseau pour attirer des milliers de célébrités, d'hommes politiques et d'experts de premier rang pour bloguer gratuitement sur son site.

En 2011, AOL a acquis *The Huffington Post* pour 315 millions de dollars.

Considérez votre réseau comme un investissement sur l'avenir

Se construire un réseau, c'est réfléchir pour essayer de trouver un moyen de donner aux gens quelque chose qu'ils ne pourraient pas avoir autrement : accès à un restaurant ou à un événement très sélects, l'opportunité de rencontrer quelqu'un qu'on n'aurait jamais pu rencontrer normalement, la possibilité d'aller acheter des vête-ments ou un sac à main à 8 h du matin (ce qui, si vous êtes une mère active, est très utile) en n'oubliant pas de les rencontrer pour de vrai et de prendre de leurs nouvelles. Dans le cas d'Arianna Huffington, elle a donné la parole sur Internet à des personnalités qui, bien que très connues, ne l'auraient pas prise autrement.

Que faire si vous travaillez pour des fonds spéculatifs – ou tout à fait autre chose – et que vous vivez à des centaines de kilomètres de l'endroit où se tiennent ces événements ?

Je vous conseille d'accepter l'invitation, d'y participer virtuelle-ment, puis une ou deux fois par an de consacrer le temps et l'argent nécessaires pour vous y rendre.

Les deux choses les plus importantes dont vous devez vous rappeler sont :

- Il faut s'y montrer en chair et en os
- C'est pour eux, pas pour vous.

Je ne suis pas fan des événements de réseaux estampillés comme tels, surtout quand on est à un stade avancé de sa carrière. Je me suis rendu compte qu'ils étaient beaucoup plus utiles pour les personnes qui démarrent leur carrière ou qui avaient quelque chose à vendre – surtout si les organisateurs de l'événement le font aussi pour gagner de l'argent.

Si vous voulez vous construire un réseau, essayez de faire des choses qui nécessitent d'en avoir un au lieu d'en construire un juste pour le plaisir.

Voici ce que j'ai récemment suggéré à une femme à un stade avancé de sa carrière :

■ Adhérez à un club privé et participez à ses activités. Cela peut être un club social (Soho House[4]) ou un club de sport (de golf, de tennis…). Plus il est prestigieux, mieux c'est !

■ Proposez votre aide à une association caritative ayant un bureau très prestigieux et une cause qui vous tient à cœur. La plupart des gens commencent par travailler bénévolement pour un événement particulier, puis intègrent le bureau du développement avant de finir au conseil d'administration. (J'en reparle dans le chapitre 8.)

Dans ce chapitre, j'ai tout fait pour vous convaincre d'avoir un réseau pour bâtir votre carrière – car les diplômes et l'expérience qui figurent sur votre CV ne suffisent pas pour atteindre les sommets. Je vous ai suggéré différentes façons de le faire, encouragée à dépasser vos hésitations, et vous ai raconté ce que j'ai moi-même fait.

Mais je dois encore vous dire quelque chose d'essentiel. À l'âge du courriel, une lettre de remerciement écrite à la main marque les gens. Je me suis fait faire des cartes personnalisées que j'emmène partout avec moi pour écrire un petit mot aux gens de mon réseau après les avoir revus.

Soyez attentionnée ! Soyez personnelle !

Rappelez-vous que l'art de se construire un réseau consiste à faire la connaissance de nouvelles personnes – et à les aider.

---

4. Équivalent français : le Rotary Club.

DEVOIRS POUR FEMMES AMBITIEUSES

À n'importe quel stade de votre carrière

Votre réseau actuel peut-il vous aider dans votre carrière ?

Pour le savoir, commencez par écrire les noms des gens avec lesquels vous échangez des points de vue et des opinions (en dehors du contexte purement professionnel) :

- Tous les jours
- Toutes les semaines
- Tous les mois, et enfin
- Moins souvent (mais au moins une fois par an).

Maintenant, écrivez leurs noms sur une feuille blanche et reliez les personnes qui se connaissent déjà.

Est-ce que tout le monde dans votre réseau – ou la plupart d'entre eux – se connaît ?

Si oui, votre réseau est « trop fermé » pour pouvoir vraiment vous être utile.

Au début de votre carrière

Agrandissez votre réseau en créant votre propre événement. Essayez de le faire deux fois par an. Si vous n'avez pas suffisamment confiance en vous pour le faire seule, faites équipe avec une amie. Voici comment.

- Trouvez un restaurant qui peut vous faire un bon prix pour un dîner pour vingt personnes et réservez
- Faites la liste de dix femmes d'environ votre âge que vous connaissez, aimez, admirez et/ou en qui vous avez confiance
- Envoyez-leur un courriel pour leur demander de venir en précisant le prix que cela leur coûtera et en leur demandant d'amener une amie dont vous noterez soigneusement le nom. Donnez-leur les critères pour la choisir : par exemple, l'amie ayant les plus belles perspectives d'avenir
- Le jour J, faites le tour des tables et demandez à chacune de se présenter et de dire aux autres une chose personnelle qu'on ne trouve pas sur Internet
- Recommencez du début en invitant, cette fois, toutes les femmes qui étaient là lors de la première fois. Et ainsi de suite…

Je vous promets que si vous faites cela et que vous persistez dans la durée, vous aurez un réseau aussi bon (et certainement meilleur) que le mien quand vous aurez mon âge.

Plus tard dans votre carrière

Vous pensez avoir besoin d'accroître votre réseau ?

Voici quelques suggestions :

- Écrivez le nom des cinq personnes les plus influentes que vous connaissez. Puis demandez-leur de vous aider à agrandir votre réseau, ne serait-ce qu'avec une personne. Aidez-les à le faire en leur expliquant le genre de personnes que vous aimeriez rencontrer

- Essayez de vous impliquer dans une organisation caritative en vous faisant nommer au bureau ou au comité de direction. Choisissez-en une dont le bureau compte beaucoup de gens importants (voir chapitre 8)
- Fixez-vous comme objectif de rencontrer quelqu'un de nouveau et de rester en contact avec lui au moins une fois par mois.

CHAPITRE 3

IL N'EST JAMAIS TROP TARD

Dans ce chapitre, j'espère vous convaincre de sortir de votre zone de confort.

Trop de femmes renoncent à leurs ambitions trop facilement et souvent pour des raisons simplistes et complètement infondées, la plus infondée de toutes étant : « c'est trop tard ».

J'avais vingt-six ans quand j'ai réalisé que j'avais fait une grave erreur. J'étais fiancée et sur le point de me marier pour, je l'avoue, la quatrième fois quand j'ai compris que j'aurais dû prendre un chemin totalement différent dans la vie. Je n'ai pas rompu mes fiançailles (avec mon passé de serial-fiancée, je devais aller jusqu'au bout et me marier sinon plus personne ne m'aurait prise au sérieux). Mais j'ai pris des mesures pour rectifier mon erreur – dans ma vie professionnelle et non ma vie personnelle.

Mon erreur était de ne pas avoir fait de formation d'expert-comptable. J'avais réalisé, quatre ans après avoir terminé mes études, que j'aurais non seulement adoré faire de la comptabilité, mais aussi que j'y aurais excellé, sans parler du fait que cela m'aurait donné de la crédibilité sur le marché. À ce jour, c'est mon grand regret dans la vie (en général, je ne « regrette » rien, comme je ne « culpabilise » pour rien car ce sont des sentiments qui pompent beaucoup trop d'énergie et peuvent faire dévier les femmes ambitieuses de leur trajectoire).

Pourquoi n'ai-je pas démissionné de mon travail de l'époque et cherché à faire une formation ?

Je pensais qu'il était trop tard. J'avais l'habitude de voir les gens devenir comptables à la sortie de l'université. Et cela faisait déjà des années que je travaillais. Je m'en suis voulu de ne pas l'avoir fait juste après mes études mais je n'ai jamais envisagé la possibilité de rectifier le tir à vingt-six ans.

C'est beaucoup trop tard, me suis-je dit.

Trop tard ?

J'avais vingt-six ans. Quand je repense à cela maintenant, j'ai du mal à y croire. J'étais à peine sortie du berceau.

Quelques années plus tard, la petite sœur de ma Plus Vieille Amie a réalisé, au même âge, qu'elle devrait faire une formation de comptabilité et a confié à ma PVA qu'elle pensait que c'était trop tard. Ma PVA lui a dit que c'était stupide, qu'il n'était jamais trop tard surtout quand on avait vingt-six ans.

Elle a quitté son travail et intégré un cabinet d'experts comptables. Vingt ans et des poussières après, elle est en train de faire le tour du monde en bateau avec son mari pendant que je travaille quatorze heures par jour.

Il doit y avoir une morale à cette histoire.

La vérité, c'est qu'il n'est jamais « trop tard » pour rien – pour faire de la politique, pour écrire son premier roman, pour tweeter, pour grimper en haut de l'Everest ou pour apprendre à nager.

~~Vous n'avez pas fait de Biologie et avez renoncé à devenir vétérinaire ?~~

Je connais une fille qui a passé deux certificats en prenant des cours du soir (ils sont beaucoup plus faciles à avoir quand on est plus âgée – en revanche, ce qui est difficile, c'est de trouver le temps de le faire) et elle a commencé des études de vétérinaire vers trente ans.

Qu'ai-je fait à l'âge canonique de vingt-six ans ?

J'ai fait un MBA à la place – que certains qualifient de « diplôme d'expert-comptable du pauvre ». C'était une grande décision et je suis contente de l'avoir prise. (J'ai aussi épousé mon fiancé et, là aussi, je suis contente de l'avoir fait.) Mais je continue de regretter d'avoir pensé qu'il était trop tard.

Quand Anna Mary Robertson Moses est morte en 1961, le président John Kennedy a fait publier un communiqué faisant l'éloge de ses peintures dans lesquelles la nation se reconnaissait, en précisant que : « Tous les Américains pleuraient sa disparition. » Le gouverneur de l'État de New York, Nelson Rockefeller, a déclaré lors d'un de ses anniversaires posthumes « qu'il n'y avait plus d'artistes de renom dans notre pays aujourd'hui ». Le président Harry Truman a même joué un jour du piano rien que pour elle.

Qui était cette femme qui a fasciné les présidents américains et les amateurs d'art du monde entier ?

Anna Mary Robertson Moses était plus connue sous le nom de Grandma Moses. Elle s'est mise à peindre à soixante-seize ans quand ses mains furent trop paralysées par l'arthrose pour faire de la broderie. Incapable de rester assise sans rien faire, même après une longue vie passée à travailler dans des fermes, elle a pris un pinceau.

Quand elle est morte, elle avait des tableaux exposés dans des villes aussi lointaines que Vienne et Paris.

Pourquoi est-ce que je vous raconte cette histoire et tant d'autres ? Parce que, homme ou femme, on est tous capables de manier un pinceau tard dans la vie ?

En fait, les femmes sont beaucoup plus susceptibles de franchir les obstacles qu'elles rencontrent dans la vie que les hommes. Et dire que « c'est trop tard » est l'obstacle le plus fréquent de tous.

Ne le faites pas ! N'utilisez jamais cette excuse !

Si vous vous entendez dire « c'est trop tard », vous avez presque certainement tort.

S'il est une chose que je déteste, ce sont les suppositions. J'ai lu quelque part que le verbe « supposer » était un mot terrible parce qu'il « fait de vous et de moi un trou du cul », et même si c'est un peu vulgaire – même pour moi – souvenez-vous-en.

Ne supposez jamais rien.

Les femmes sont très occupées – surtout si elles jonglent entre leur carrière, leurs enfants et leur mari – et c'est probablement à cause de cela qu'elles se laissent trop facilement persuader (ou pire encore qu'elles « supposent) que leur avenir se trouve derrière une porte fermée à double tour.

Il n'est jamais trop tard (ou trop tôt) pour prendre modèle sur les autres

La télé et les journaux semblent être pleins de gens qui ont gagné leur premier million presque avant d'avoir eu l'âge de voter. Dans cette culture people qui met en avant les succès en 2.0 de jeunes diplômés – Mark Zuckerberg, le fondateur de Facebook, n'a pas encore trente ans – vous pensez peut-être que vous avez échoué si vous avez plus de vingt-cinq ans et que vous n'avez pas encore gagné vos premières centaines de milliers d'euros, si votre site Internet ne vous remporte pas un million par semaine ou si votre tête n'apparaît pas régulièrement dans les tabloïds.

Même si vous n'êtes qu'au début de votre carrière, vous pouvez facilement penser que vous avez loupé le coche. Au point que si vous avez « juste » étudié dur à la fac au lieu de tout arrêter pour monter votre affaire, vous vous dites que vous avez pris du retard.

Vous feriez mieux de prendre modèle sur des jeunes professionnelles brillantes qui vous ressemblent – si vous regardez la liste des « 35 femmes âgées de moins de 35 ans » parue dans le magazine *Management Today*, vous vous direz que tout est possible. D'ailleurs vous pourriez un jour être l'une d'entre elles. La liste parue en 2011 couvrait un large éventail de compétences avec des femmes dans l'ingénierie, l'entretien des propriétés, les sous-vêtements structurants (aussi incroyable que cela puisse paraître, il y avait un créneau à prendre), des lunettes de soleil de qualité pour les enfants, la location de vêtements de créateurs (cela m'aurait beaucoup aidée à m'incruster avec style dans des soirées huppées), des encas sains et des initiatives louables comme informer les enfants sur certaines maladies.

Le seul inconvénient quand on est si jeune – surtout pour une femme – c'est que les hommes plus âgés, en particulier, ont du mal à nous prendre au sérieux.

Soyez prête et blindez-vous.

Louise Hodge a acheté sa société, Pilot Flight Training, en 2004 à l'âge de vingt-neuf ans. À l'époque, cela faisait environ cinq ans qu'elle pilotait dans cette école basée dans l'Oxfordshire.

❝ J'ai su à l'université que je voulais diriger ma propre affaire. J'adore voler. J'ai donc contacté le propriétaire de Pilot Flight Training, et je lui ai dit : « Vous prenez de l'âge, vous devriez prendre votre retraite et me vendre votre affaire. » Il m'a testé pendant environ un an pour être sûr que j'étais sérieuse et me l'a vendue parce qu'il savait que je l'adorais et que je m'en occuperais bien. Je ne doute jamais – je réfléchis après avoir pris mes décisions. Je n'avais aucune idée de ce que je faisais. J'ai appris jour après jour. Le premier jour, j'ai perdu pied. Le deuxième jour, j'ai demandé à mes employés de me montrer ce qu'il fallait faire en leur disant que « j'allais apprendre par eux ». Cela a été assez bizarre de redevenir une étudiante pour pouvoir être le boss. J'ai pensé : « Faisons cela ensemble. » Pour financer mes achats, je me suis servie de l'argent que j'avais économisé dans mon précédent travail dans l'informatique, ainsi que de mes indemnités de licenciement. Et j'ai vendu ma maison. Cela a été dur au début parce que j'étais relativement jeune et que j'étais une femme. Les clients me prenaient souvent pour la réceptionniste ou s'adressaient automatiquement à un instructeur. Je m'en fichais – je venais du milieu très masculin de l'informatique et je me disais que les gens finiraient par comprendre qui j'étais.

Autre milieu très masculin : le bâtiment. Becci Taylor, trente et un ans, originaire du Lincolnshire, était l'une des 35 femmes de moins de 35 ans de *Management Today*. Elle a un diplôme d'ingénierie de l'université de Cambridge et est experte en construction en basse énergie au cabinet de conseil Arup. Pour elle, être une jeune femme a des avantages :

Si vous réussissez à un jeune âge, vous devrez sans doute dire aux gens plus âgés ce qu'ils doivent faire, que ce soit des collègues ou des fournisseurs. J'ai eu du mal à donner des consignes à des hommes plus âgés que moi dans l'industrie – par exemple des directeurs de projets – mais je pense qu'être une jeune femme est souvent un avantage. Les jeunes femmes cadres qui travaillent dans le bâtiment arrivent plus facilement à gérer les jeunes hommes que leurs homologues masculins. Une fois qu'on a franchi les premiers obstacles, on peut se faire respecter plus facilement, peut-être justement grâce à la nouveauté de la situation. C'est un stéréotype mais les femmes ont souvent un bon contact, ce qui aide. Quand j'ai dirigé mon premier projet, j'avais vingt-six ans. J'avais affaire à des fournisseurs qui devaient compléter et réaliser un projet que j'avais lancé. C'étaient des hommes d'expérience d'une cinquantaine et d'une soixante d'années mais ils ne m'ont pas manqué de respect et ont écouté ce que j'avais à leur dire. Je les ai moi-même abordés, eux et leur travail, avec respect et humilité. On a ainsi pu faire le travail ensemble sans problème.

Si avoir du succès à un jeune âge peut être un inconvénient, cela peut devenir un atout si on sait bien le gérer. Dans tous les cas, c'est quelque chose qui fait grandir.

Donc, même si vous ne décrochez pas l'une des nombreuses récompenses pour les jeunes à la carrière prometteuse, la bonne nouvelle, c'est qu'il n'est jamais trop tard pour réussir !

Votre âge ne compte pas

Au printemps 2009, les spectateurs du monde entier sont tombés en arrêt devant une vidéo dans laquelle on voyait une femme chanter. En juste trois semaines, cette vidéo a été téléchargée des millions de fois. La vraie surprise, c'est que ce n'était pas une star connue mais une chanteuse amatrice écossaise de 47 ans qui reprenait une chanson d'une comédie musicale vieille de 29 ans.

On n'attendait pas grand-chose de Susan Boyle quand elle est apparue sur scène dans l'émission de téléréalité « Britain's Got Talent[5] » et c'est en partie pour cela que son interprétation de *J'avais rêvé d'une autre vie* des Misérables a été incroyable. Inconsciemment ou pas, nous associons le succès à la jeunesse et la beauté. Nous nous extasions devant les exploits des enfants et faisons grand cas des enfants prodiges, comme Mozart qui a composé sa première œuvre à 5 ans et Bobby Fischer qui a remporté son premier tournoi d'échecs à treize ans. Quand quelqu'un a du succès, c'est souvent parce qu'il ou qu'elle a été entraîné(e) dans cette optique dès le plus jeune âge – souvenez-vous que Tiger Woods a manié son premier club de golf à deux ans. C'est pourquoi des histoires comme celle de Susan Boyle ont tendance à nous étonner, nous, les femmes.

---

5. La Nouvelle Star anglaise.

Trop souvent, en voyant défiler les anniversaires, on se résigne à l'idée qu'il est trop tard pour devenir une superstar de la chanson ou écrire un grand roman. Susan Boyle, une célibataire totalement inconnue, en est à son deuxième album, en sachant que le premier s'est vendu à 15 millions d'exemplaires dans le monde entier.

L'écriture est une carrière que beaucoup d'auteures à succès ont débutée tard. Bien que j'aie écrit des tonnes d'articles dans ma jeunesse (je n'ai jamais considéré l'écriture comme un métier mais comme un deuxième travail pour m'aider à payer mes factures), je n'ai commencé à écrire pour le grand public qu'après trente ans et après être devenue agent de change. Toutefois en 1999, à trente-sept ans, j'ai créé la rubrique Mrs Moneypenny. Cela ne m'a pas vraiment rendue célèbre, mais cela m'a ouvert beaucoup de portes dans la vie.

Beaucoup de femmes de ma connaissance ont démarré leur carrière tard.

L'appel du *Financial Times* m'a prise au dépourvu – et les débuts ont été laborieux. Ils prévoyaient de lancer un supplément week-end et voulaient une rubrique « sexe au travail ». Je leur ai expliqué que, bien que je travaillais dans une banque qui employait, à l'époque, plus de 70 000 personnes, je ne me souvenais pas avoir couché ne serait-ce qu'avec l'une d'entre elles (même si, quand une entreprise a autant de bureaux dans le monde, on ne sait jamais qui est embauché et on court donc le risque d'avoir un ex-fiancé quelque part). Je n'avais pas non plus fait l'amour au bureau – et je leur ai assuré que je n'avais jamais fait de bêtises avec le photocopieur lors d'un pot de départ (d'ailleurs je ne savais pas vraiment où il était). En fait, il s'est avéré qu'ils voulaient avoir une rubrique sur « les sexes » (les hommes et les femmes) et non « le sexe » au travail.

Je leur ai alors expliqué que je n'étais sans doute pas la bonne personne.

Comme je ne crois pas à la théorie du plafond de verre, je pense que la meilleure façon de briser n'importe quel plafond que ce soit, c'est de renoncer au mythe que les femmes « peuvent tout avoir ».

Je leur ai donc donné toutes sortes d'arguments pour ne pas tenir cette rubrique (trop occupée, des enfants à élever, une thèse à terminer) mais rien n'a marché. Je tiens cette rubrique depuis cette époque. La seule chose que je n'ai pas dite, c'est : « C'est trop tard, je ne peux pas commencer à tenir une rubrique dans un journal national à mon âge. »

Beaucoup de femmes écrivent très bien, mais ne le découvrent qu'à un âge tardif. Vous croyez que Joanne Rowling s'est dit qu'il était trop tard pour écrire une saga sur un jeune magicien ?

Même si elle est riche aujourd'hui, avant de publier ses livres elle était presque sur la paille, très déprimée, divorcée, et élevait seule son enfant en ayant repris ses études. Après avoir vécu grâce aux allocations familiales, elle est devenue l'une des femmes les plus riches du monde en seulement cinq ans, grâce à beaucoup de travail et une grande détermination.

Mary Wesley s'était mise à écrire encore plus tard. Elle avait en effet soixante-dix ans en 1983 quand son premier roman *La Resquilleuse* a été publié. C'est devenu l'une des romancières les plus célèbres d'Angleterre avec 3 millions de livres vendus dont dix best-sellers ces vingt dernières années.

Il n'est jamais trop tard pour être « irresponsable »

Certaines femmes (surtout des mères de famille) se disent peut-être qu'il est irresponsable ou égoïste de changer de métier et de retourner à l'école pour avoir un MBA alors que cela va lourdement peser sur le budget familial et inquiéter toute la famille sur ses perspectives d'avenir. Mais du moment qu'on explique pourquoi on a pris cette décision, investir dans sa carrière est tout sauf irresponsable.

Au moins, vous n'êtes pas une de ces quinquas, de plus en plus nombreuses, à se jeter d'un avion juste parce qu'elles en ont envie. D'après Age UK, une fondation pour les personnes âgées, les sports extrêmes chez les plus de 50 ans sont en pleine expansion en Grande-Bretagne. Alors qu'il y a toujours un âge minimum pour s'adonner à ce genre d'activités, il n'y a en pas de maximum ! Votre mari et vos enfants seront certainement plus inquiets de vous voir sauter dans le vide que de vous voir retourner à l'école ou changer de métier. J'aurai cinquante ans quand ce livre sera publié et je suis bien décidée à consacrer plus de temps à mes loisirs et à ma santé. Même s'il y a peu de risques que j'aille me jeter dans les chutes Victoria reliée à un élastique, j'envisage de me lancer des défis physiques – un peu moins terrifiants.

Pour ses soixante ans, Annie Clarke de Suffolk a décidé de marquer le coup en sautant d'un avion à 4 000 mètres d'altitude. En faisant ce qu'elle avait toujours voulu faire, sans jamais avoir eu le temps de le faire, l'intrépide Annie a prouvé qu'on n'était jamais trop vieille pour vivre de nouvelles expériences. En fait, elle passe parfois pour une gamine dans ce sport qui compte des adeptes de plus de quatre-vingt-dix ans – c'est ce que j'appelle le grand âge extrême.

J'ai appris à piloter un avion à quarante-six ans et eu ma Licence de Pilote Privé à quarante-sept. J'ai décidé de faire cette formation en dépit de mon âge et du fait qu'il y avait énormément d'examens écrits qui ont mis à rude épreuve ma matière grise. (Il y en avait notamment un dans lequel je devais sans cesse calculer le centre de gravité d'un avion tout en y ajoutant certains éléments – comme j'ai essayé de l'expliquer à l'examinateur, une fois que quelqu'un de mon poids est dans un avion, peu importe ce qu'on y rajoute, le centre de gravité restera toujours fermement près de moi.)

C'est Polly Vacher qui m'a donné envie de voler. Cette femme qui vit dans mon village illustre merveilleusement ma devise : « Il n'est jamais trop tard. » Musicienne de talent, mère de trois enfants, ancienne institutrice, elle a fait un saut en chute libre en tandem pour une œuvre charitable à quarante-cinq ans. Elle a adoré – et 245 sauts plus tard, elle s'est mise à voler et a obtenu sa Licence de Pilote Privé en 1994 à cinquante ans. Infatigablement, elle collecte de l'argent pour la FSDP, un organisme caritatif permettant aux personnes handicapées d'apprendre à piloter un avion et a reçu une MBE[6] en 2002 pour services rendus aux œuvres de charité.

Polly a découvert le grand monde – littéralement parlant – en 2001 en le survolant en avion en 124 jours pour la FSDP. Elle a effectué son tour du monde d'ouest en est, dans le plutôt petit avion piloté en solo par une femme *via* l'Australie – son monomoteur Piper PA-28 Cherokee Dakota G-FRGN. Le trajet incluait un vol de seize heures d'Hawaï à la Californie alors que j'ai toutes les peines du monde à rallier l'aéroport de Londres Southend !

En mai 2003, Polly est partie de Birmingham pour survoler le pôle nord, l'Antarctique et les sept continents. Lorsqu'elle est revenue un an plus tard en avril 2004, elle est devenue la première femme à avoir survolé en solo les régions polaires. Voici ce qu'elle en dit :

Ça m'a permis de renforcer ma confiance en moi tout en aidant les personnes handicapées pour lesquelles je collecte de l'argent. Je ne pensais pas en avoir besoin, mais mon assurance a triplé après mon premier vol en solo. Tout dépend de votre niveau de préparation : les stages d'entraînement à la survie en toutes circonstances

---

6. Titre honorifique britannique.

m'ont donné confiance en moi. J'ai appris à naviguer grâce au soleil (au cas où le GPS tomberait en panne), à me servir d'un radeau de sauvetage (puisque les deux tiers de la surface du globe sont recouverts d'eau). Bien sûr, j'ai peur de l'inconnu – du « et si ? » – Je suis humaine. 〞

Polly encourage sans cesse les autres à « continuer à apprendre ». J'ai la chance de vivre près de quelqu'un qui m'inspire énormément et qui me rappelle sans cesse que, quel que soit son âge, on peut toujours faire des choses dans la vie.

Où que vous viviez, il y aura toujours des femmes quelque part dont vous pourrez vous inspirer même si elles ne sont pas mondialement connues.

Connaissez-vous quelqu'un de très impliqué dans les œuvres de charité ?

Cherchez-en et proposez-lui votre aide pour le prochain événement.

Connaissez-vous quelqu'un ayant des responsabilités dans la politique locale ou nationale ?

Cherchez-en et proposez-lui de travailler bénévolement dans son bureau ou de l'aider lors d'une campagne.

On n'est jamais trop vieille pour apprendre – et jamais trop vieille pour offrir ses services.

Ce ne sera sans doute pas un long fleuve tranquille. Et ne vous méprenez pas – les incroyables histoires décrites dans ces pages ne se sont pas faites d'un coup et contenaient leur part de défis à relever. Cela me rappelle le poète et dramaturge allemand Bertolt Brecht : « Ceux qui entreprennent échouent souvent, mais ceux qui n'entreprennent rien ont déjà échoué. »

Tout à fait d'accord.

Face à un échec, on peut se dire qu'on a pris une mauvaise décision, qu'il est temps de laisser tomber. C'est normal d'être à la fois peinée et mortifiée quand quelque chose ne marche pas – le tout, c'est de ne pas en sortir diminuée. Le livre *Backwards in High Heels*[7] résume cette situation :

> L'échec met votre moi profond à nu. Il vous renvoie à des principes élémentaires et vous donne une chance de découvrir des ressources internes que vous ne pensiez pas avoir. Il vous permet d'être la star de votre grand come-back [...]. Dans la vraie vie, voici à quoi ressemble l'échec : un truc atroce et épouvantable. Vous le ressentirez sans doute certainement physiquement, comme si quelqu'un vous avait rouée de coups avec une batte de base-ball [...] cela peut vous faire un choc terrible [...]. Vous serez couverte de honte.

Mais cela ne veut pas dire que vous devez renoncer.

On a demandé un jour à Carol Bartz, ancienne P-DG de Yahoo ! Inc, s'il lui arrivait de douter d'elle. Voici sa réponse :

> ❝ Bien sûr. Encore maintenant. Je pense que c'est sain de manquer un peu d'estime de soi car cela aide à rester stable sur ses pieds. Cela aide à toujours essayer de mieux faire. Cela aide à essayer de s'améliorer de toutes sortes de façons. Je pense que l'échec est une part très importante de la vie. Oh, il faut échouer ! Il faut échouer. Si vous n'échouez pas, vous ne connaîtrez jamais les différentes phases du succès. J'ai fait beaucoup d'erreurs. Il n'y en a pas une qui sort du lot mais j'en fais chaque semaine, chaque mois, chaque année. Je pense qu'il faut être courageuse pour faire éclore ses idées. Je pense qu'il faut être courageuse pour supporter de voir bon nombre de ses idées échouer. ❞

---

7. Littéralement : *Retour en arrière en talons aiguilles.*

Plus tôt, lors du même entretien, elle déclarait :

❛ C'est un peu comme le ski. Il faut tomber pour apprendre à mieux skier. J'aime beaucoup jardiner, et pour apprendre à jardiner, il faut faire mourir des tas de plantes. ❜

Savourez la disparition des œstrogènes

Je sais que les femmes sont beaucoup plus obsédées par leur âge que les hommes. C'est parce que notre look (notre « capital érotique ») est l'un de nos atouts, et qu'on est plus sensibles au temps qui passe.

Je sais aussi que c'est un sujet très sensible pour moi (même si je n'ai jamais vraiment été sublime). L'année dernière, je suis arrivée à une séance photo pour mon émission télé, sans maquillage et avec des rouleaux dans les cheveux. Une femme présente dans le public ce jour-là s'est étonnée que je fasse si jeune.

« Ils vous vieillissent à la télé, s'est-elle exclamée. Ils vous font une tête de femme de presque cinquante ans ! »

Je lui ai calmement expliqué que j'avais « presque cinquante ans », et on n'a plus jamais reparlé de mon âge.

Encore une raison, et pas des moindres, de ne jamais se dire qu'il est trop tard pour faire quelque chose car, grâce à un petit coup de pouce tardif de la nature, de nouvelles perspectives s'offrent à nous.

Oui, on finit par ne plus avoir d'œstrogènes.

C'est mieux que de dire qu'on est ménopausée, non ?

Cela fait trois ans que je n'ai plus d'œstrogènes ce qui, à presque cinquante ans, est relativement tôt. Mais j'adore cela et je ne me sens en aucun cas privée de quelque chose.

C'est peut-être la certitude de ne plus pouvoir avoir d'enfants, et donc de pouvoir mettre toute mon énergie ailleurs, qui me fait sentir plus libre qu'avant. C'est peut-être juste l'absence de ces sales hormones. Quoi qu'il en soit, j'ai l'énergie et l'ambition nécessaires pour entreprendre encore dans la deuxième partie de ma vie professionnelle (j'espère travailler jusqu'à soixante-quinze ans, voire au-delà) que dans la première.

J'ai aussi réussi à gérer ce bouleversement chimique sans avoir recours à un THS (qui veut dire, au cas où un homme lirait ce livre, traitement hormonal de substitution – lors de mon spectacle à Édimbourg en 2010, un homme dans le public a cru qu'il s'agissait d'un nouveau modèle de téléviseur).

Ce n'est pas parce que je suis contre le THS – je suis tout à fait pour les médicaments qui marchent – mais parce que j'étais terrifiée à l'idée de grossir davantage. La seule fois où j'ai hésité, c'est quand le *Financial Times* m'a envoyée en Irlande pour écrire un article pour son supplément du week-end et que j'ai dormi dans un Bed & Breakfast absolument glacial. Je me suis réveillée à 3 heures du matin avec la plus grosse bouffée de chaleur de ma vie. J'ai décidé d'appeler mon médecin le lendemain pour prendre rendez-vous.

C'est alors que j'ai découvert que j'avais laissé la couverture électrique allumée.

J'aime quand les femmes racontent ce qu'est la vie d'une femme après cinquante ans. En 2006, Nora Ephron a publié *J'ai un problème avec mon cou !* (éd. Plon, 2007), des chroniques sur le vieillissement, et en 2011, Jane Shilling a écrit ce qu'elle pensait de ses 50 ans dans *The Stranger in the Mirror*.

La même année Jill Shaw Ruddock, une vraie pin-up pour la confrérie des ménopausées, a sorti *The Second Half of Your Life* qui prétend que les femmes qui n'ont plus d'œstrogènes sont fertiles dans d'autres domaines : les nouvelles idées et le sens de la vie.

Ma vie manquait-elle d'idées et de sens avant ? J'espère que non. Mais j'ai le sentiment que trop de femmes d'un certain âge ne tirent pas le meilleur parti de leurs compétences et de leur temps.

À force de lire tout ce que je trouvais sur l'après-ménopause, j'ai fini épuisée. Si je devais faire tout le sport et toutes les prouesses sexuelles que Jill conseille (les livres de développement personnel que je lis ne suggèrent pas d'acheter des sextoys), je n'aurais plus un moment de libre pour les défis qu'elle préconise. Shaw Ruddock a clairement beaucoup d'énergie – depuis, elle a fondé une association qui, par l'intermédiaire de centres à la fois médicaux et sociaux, propose des projets aux gens qui sont dans la « seconde moitié » de leur vie.

Il n'est jamais trop tard pour découvrir votre véritable passion

Le nom de Julia Child[8] est associé à la cuisine d'excellence, c'est pourquoi vous serez peut-être surprise de savoir qu'à 35 ans, Julia Child a un jour demandé ce qu'était une échalote. C'était en 1948 et elle venait d'emménager en France avec son nouveau mari. Elle ne parlait pas français et savait à peine cuisiner ce qui ne l'a pas empêchée de tomber amoureuse de la cuisine française et de décider de l'étudier dans le moindre détail à la célèbre école Le Cordon Bleu à Paris. « Dire qu'il m'a fallu quarante ans pour découvrir ma véritable passion », écrit-elle alors à sa belle-sœur.

Une fois sa véritable passion découverte, elle a dû attendre plusieurs années pour voir son dur travail récompensé. Il a fallu une décennie et « une série de refus » avant que son livre *Mastering the Art of French Cooking* soit publié, et elle n'a commencé sa célèbre émission *The French Chef* qu'à l'âge de cinquante et un ans. Se trouver une nouvelle compétence ou un nouveau centre d'intérêt,

8. Femme qui a changé la façon de cuisiner des Américains et dont la vie a été retracée dans le film *Julie et Julia* (2009) avec Meryl Streep.

quel que soit son âge, peut vraiment aider à accroître sa confiance en soi. (J'ai déjà expliqué à quel point le manque de confiance en soi peut freiner la carrière des femmes.) Un livre qui explique la façon dont les femmes peuvent se hisser vers le haut dans un environnement professionnel traditionnellement masculin décrit le « syndrome de l'imposteur » qui fait douter les femmes de leurs compétences et leur fait imputer leurs succès à la chance, le timing, un bon réseau, etc. Ce sentiment peut s'aggraver si la femme travaille surtout avec des hommes – sa seule présence est une « anomalie » et ses succès peuvent être aussi considérés comme tels, voire « suspects ». « Si vous pensez que le succès ne viendra à vous que si vous êtes parfaitement sûre de vous, prévient l'auteur, vous risquez d'attendre longtemps. »

Tout à fait d'accord – et le succès, même si c'est dans un domaine extérieur au travail, augmente vraiment la confiance en soi.

Francesca Halsall est une nageuse britannique qui, à vingt et un ans, était déjà championne d'Europe, médaille d'or aux Jeux du Commonwealth et médaille d'argent aux championnats du monde de natation. Dans une interview pour *The Guardian* en juillet 2011, elle ne semblait absolument pas touchée par la perte récente de sa première place à l'horizon des jeux Olympiques de 2012 :

❝ J'ai été la meilleure nageuse du monde jusqu'à la semaine dernière et j'ai perdu ma première place à un centième de seconde près […] En fait, cela me fait plaisir de savoir que quelqu'un vient de nager plus vite que moi. Cela va m'obliger à me dépasser. ❞

Cela, c'est de l'attitude gagnante ! Outre la condition physique, l'état d'esprit est selon elle vital.

❝ Vous devez aussi gagner la bataille de l'esprit avant même d'être sur les blocs. Si vous avez le moindre doute, vous n'y arriverez pas.

Tout le monde mène cette bataille. Moi, je vide mon esprit et, juste avant le départ, je me dis un truc simple comme : « Allez, Fran, tu peux le faire. » Et puis je me rappelle quelle nage je suis censée réaliser. **,,**

Ayant dû quitter l'école à quinze ans pour se consacrer à sa carrière de nageuse, elle a repris ses études et prépare un examen de philosophie. Dans son cas, on n'est jamais trop jeune, mais on n'est aussi jamais trop vieille. Concernant son envie d'avoir une médaille aux jeux Olympiques de 2012, elle disait : « Je suis prête à tenter le tout pour le tout. »

Il n'est donc jamais trop tard pour avoir de nouveaux projets en sachant qu'ils traînent parfois dans leur sillage confiance en soi et succès professionnels.

Pourquoi essayer ? Je crois déjà profondément aux buts personnels qui, s'ils sont SMART – S̲pécifiques dans le sens de «précis», M̲esurables, A̲tteignables, R̲éalistes et limités dans le T̲emps – peuvent être autant de briques capables d'emmurer le doute de soi.

En 2010, je me suis fixé comme but d'écrire et de monter un spectacle au Fringe Festival d'Édimbourg (fait) avec, en bonus, la joie de le jouer à New York pendant une semaine.

En 2011, j'ai présenté une série télévisée qui est reprogrammée en 2012.

Mon défi pour 2012 est de commencer à préparer le CIMA[9].

Est-on trop vieille à cinquante ans pour devenir une comptable en management qualifiée ?

Je ne pense pas.

Est-ce une façon tristounette de fêter son cinquantième anniversaire ?

---

9. Diplôme en finance et expertise comptable.

Dans mon cas, c'est le cadeau idéal. J'ai toujours regretté de ne pas avoir ce diplôme. D'autres espèrent peut-être avoir un sac Hermès, des chaussures Jimmy Choo ou des draps en satin. Obtenir quelque chose dont j'ai toujours rêvé est, pour moi, une façon parfaite de marquer le coup. Sans parler du fait qu'il va me rendre plus intéressante – et développer mon cerveau. Enfin, cela peut me servir dans mon travail, ce qui est toujours un plus.

Alors, pourquoi est-ce tristounet ?

La retraite ouvre de nouvelles perspectives

Une carrière peut démarrer d'un rien, même à l'âge de la retraite.

J'ai trois exemples de femmes d'une soixantaine d'années qui ont démarré une nouvelle carrière en Écosse – l'une en tant qu'avocate stagiaire, la seconde en tant que prêtre et la troisième dans la gestion immobilière – comme raconté dans *The Herald* de Janvier 2011. L'article commençait en reprenant un commentaire posté sur le site Internet *Legal Week* dans lequel un étudiant en droit disait : « J'ai vingt-sept ans et je voudrais devenir notaire. Je me demande si je ne suis pas trop vieux pour faire un stage. »

Vous avez probablement deviné qu'il s'agissait en fait d'une femme.

Trop vieille ? À vingt-sept ans ?

Lisez le début de ce chapitre !

L'article citait aussi le commentaire angoissé d'une personne sur Yahoo Questions / Réponses : « J'ai trente et un ans. Suis-je trop âgée pour suivre une formation de chef de cuisine ? »

Souvenez-vous, il y a une raison encore plus importante pour laquelle les femmes doivent cesser d'invoquer leur âge pour justifier le peu d'intérêt ou de progression de leur carrière : les femmes vivent plus longtemps que les hommes.

Je me demande bien pourquoi : après tout, nous travaillons plus qu'eux. Et pourtant, les pauvres chéris semblent s'user avant nous. À l'échelle planétaire, les femmes vivent invariablement plus long-temps que les hommes. L'écart se resserre mais, au Royaume-Uni, les femmes vivent toujours trois ans de plus que les hommes (avec une espérance de vie de 81,9 ans) et aux États-Unis, cinq ans de plus (avec une espérance de vie de 80,9 ans). En France, les femmes ont une espérance de vie de 85,3 ans (contre 78,2 ans pour les hommes).

La retraite est beaucoup plus lointaine pour la majorité d'entre nous qu'elle ne l'était pour nos mères. L'état des finances publiques, les piètres performances des bourses, le vieillissement de la popula-tion – tout cela contribue à rendre la retraite quasi impossible avant d'avoir dépassé les soixante-dix-ans. C'est ce que j'envisage person-nellement. À cinquante ans, je pense encore travailler autant de temps que je l'ai fait par le passé.

Sacrée perspective !

Pamela Smith, qui est grand-mère et était la première des sexagé-naires interviewées par *The Herald*, avait fait des études d'infirmière, été prof de fitness, fait une licence de zoologie et géré sa propre affaire, tout cela avant que son fils grandisse et commence à étudier le droit. Elle a été fascinée par ses cours et est retournée à l'université, avec les encouragements de son mari, un médecin. Elle approchait des soixante ans.

Pamela a commencé sa formation avec pas mal d'appréhension, notamment parce que la moyenne d'âge des autres étudiants était de vingt ans. Elle a non seulement eu sa licence, mais elle a été prise en stage dans une entreprise à Aberdeen. À plus de soixante ans. J'aime ce qu'elle en dit : « J'aime faire partie intégrante de la société. Je n'ai pas peur du changement. Je suis prête à tout essayer. »

La seconde femme décrite dans cet article enthousiasmant est Shelia Cameron qui a été nommée prêtre de sa paroisse alors qu'elle touchait déjà sa retraite. Elle avait été bibliothécaire pendant quarante ans, un travail qu'elle n'avait apparemment jamais vraiment aimé. Elle avait voulu être travailleuse sociale mais, dixit : « J'aurais eu du mal à avoir le diplôme. » Des années plus tard, elle a suivi une formation de prédicateur laïque et travaillé bénévolement dans une église à Cambridge tout en faisant du lobbying auprès des évêques d'Écosse pour qu'ils lui trouvent un poste. Le quatrième évêque contacté était l'Évêque d'Édimbourg qui l'a nommée à Ste Anne. Elle avait soixante-deux ans.

Sonia White, la troisième femme de cet article, a soixante ans et a récemment fondé avec son mari une agence de location et de gestion immobilière à Dundee pour des propriétaires privés. Ils avaient pris leur retraite, déménagé en Écosse et acheté deux appartements pour financer leurs vieux jours. Avant de comprendre ce qui leur arrivait, ils géraient des douzaines de propriétés. Selon l'article, elle prévoyait de travailler jusqu'à soixante-dix ans, même si elle a fini par avouer : « Mais qui sait ? »

Shonie aime particulièrement citer cette phrase qu'un ami lui a dit : « On ne vieillit pas, on change juste de direction. »

Tout âge est le bon âge pour passer à l'action

Si vous lisez ce livre et que vous êtes au début de votre carrière, vous vous demandez sans doute en quoi tous ces témoignages de grands-mères ambitieuses vous concernent. Si vous pensez cela, vous risquez de vous laisser dériver dans la vie sans rien faire sous prétexte qu'on peut tout faire plus tard. Vous êtes pourtant autant concernée que les autres. Comme je l'explique au début de ce chapitre, j'avais vingt-six ans quand je me suis dit, à tort, qu'il était trop tard pour changer de voie. Julia dans le chapitre 1 (Oui ! Je reparle d'elle ! Il a fallu des heures pour faire tenir ce gloss…) a fait une nouvelle formation à trente ans.

Il n'y a pas de « bon » moment ou de moment « parfait » pour changer de carrière, créer une entreprise ou prendre un risque à l'image de Catriona Welsby, une jeune mère qui a fondé le site Brand Financial Training – un site Internet permettant aux gens qui travaillent dans le secteur des services financiers au Royaume-Uni de se former.

« Ma première entreprise en ligne (que je gère encore) dégage un chiffre d'affaires annuel à six chiffres (en dollars américains). Quelques mois après avoir quitté mon mari et être devenue mère célibataire, j'ai monté une activité en ligne immensément populaire […] J'ai réussi cet exploit à un moment où ma vie volait en éclats. J'ai quitté le domicile conjugal avec mon jeune enfant et découvert brutalement que je devais nous faire vivre tous les deux. Comme je ne voulais pas retravailler pour quelqu'un (non merci !), je n'avais pas d'autre choix que de créer une opération qui marche. Au lieu de me servir du naufrage de mon mariage pour m'enfuir et me mettre sous le joug d'un employeur, je m'en suis servie comme d'un moteur pour m'en sortir. Je suis passée à l'action et j'ai fait ce que je devais faire. »

Comment savoir si vous aussi vous devez changer de direction ? Voici un bon exemple de check-list :

- Vous levez-vous le matin avec l'angoisse d'aller travailler ?
- Avez-vous l'impression de créer très peu de valeur ajoutée dans votre travail ?
- Regardez-vous votre chef en vous disant que vous n'aimeriez vraiment pas être à sa place ?

Si vous répondez « oui » à ne serait-ce qu'une de ces questions, vous devriez envisager de passer à autre chose.

Que faire d'autre ?

Peut-être le savez-vous déjà. Sinon, commencez par écrire des listes de métiers ou d'entreprises qui vous intéressent, et trouvez des gens qui travaillent dans ce domaine pour vous renseigner. Demandez à votre entourage de vous donner des idées. Notez-les dans un carnet et barrez-les si, au final, vous pensez qu'elles ne vous conviennent pas. Une fois que vous aurez décidé ce que vous voulez faire, réfléchissez transversalement sur la façon d'acquérir de l'expérience dans le secteur où vous souhaitez vous diriger (je parle de la réflexion transversale dans le chapitre 1).

Changer de métier implique souvent de suivre une nouvelle formation ou d'avoir un nouveau diplôme. La façon dont vous allez le faire, si vous en avez besoin, dépend entièrement de votre situation personnelle. Quand on prépare un nouveau diplôme il vaut mieux, si possible, le faire à plein temps.

Vous avez un emprunt sur le dos ?

Pensez à louer votre maison et à déménager pour suivre une formation dans un endroit où la vie est moins chère. C'est ce qu'a fait une de mes collègues : elle a pris une année sabbatique, a loué son appartement et est partie vivre chez ses parents pendant qu'elle préparait un MBA.

Vous avez des enfants ?

S'ils sont petits, ils apprécieront peut-être de vivre et d'aller à l'école dans un endroit nouveau pour quelques mois.

Votre mari a un métier et ne peut pas déménager ?

Dans ce cas, si vous avez de bons revenus, pensez à emprunter de l'argent pour l'investir dans votre carrière.

Mais il y aura toujours des gens – et j'en faisais partie – qui ne peuvent pas baisser leur train de vie. J'ai préparé mon MBA à mi-temps tout en travaillant et en faisant mon premier enfant. Cela m'a presque tuée c'est pourquoi je conseille aux autres d'essayer, si possible, de le faire à plein temps. Si vous êtes disciplinée et que vous avez bien défini vos priorités, c'est possible.

Vous allez probablement devoir recommencer de zéro dans votre nouvelle carrière.

Cela ne sera sans doute pas agréable, mais que préférez-vous ? Un bon salaire pour quelque chose que vous détestez, ou moins d'argent et plus de satisfaction ?

Nous passons toutes trop de temps au travail pour ne pas l'apprécier. Si vous avez les compétences et travaillez dur, vous comblerez vite votre retard financier.

Dans ce chapitre, nous avons vu comme il était facile de se dire « il est trop tard », même à un jeune âge, quand on est une femme. Le rythme effréné de nos vies et les choses qui nous prennent du temps (le travail, les enfants, des parents vieillissants, etc.) nous incitent à renoncer à nos ambitions et / ou à relancer une carrière qui stagne. Mais nous vivons plus longtemps que les hommes et nous avons de nombreuses années pour réaliser nos projets – même si la route est semée d'embûches – comme le montrent les femmes dont je vous ai parlé.

Il n'est jamais trop tard pour avancer, quelles que soient vos ambitions.

Vous pouvez le faire !

DEVOIRS POUR FEMMES AMBITIEUSES

Au début de votre carrière

Quelle est votre ambition ?

Mettez par écrit ce que vous voulez faire dans dix ans. Et, petite précision utile, « être vice-présidente dans une banque d'investissement » ne veut pas dire « diriger une équipe / travailler à l'étranger / gagner plus de 200 000 € par an », ou équivalent.

Puis notez les raisons pour lesquelles cela n'arrivera peut-être jamais.

Réfléchissez ensuite à la façon d'y remédier.

Vous devez envisager cette situation de façon flexible. Pour y parvenir, écrivez l'autre carrière que vous pourriez envisager à la place. Quand un pilote fait son plan de vol, il doit toujours donner le nom d'un aéroport de remplacement si, pour une raison ou une autre, il ne peut pas atterrir à l'endroit prévu.

Envisagez votre carrière ainsi.

Que voudriez-vous faire si vous ne pouvez pas appliquer le plan A ?

Au milieu de votre carrière

Faites un bilan de compétences pour être sûre de ne pas stagner. Même si les femmes vivent plus longtemps, inutile de perdre du temps.

Soyez honnête avec vous-même : tout se passe-t-il comme prévu ?

Vous voyez-vous à la place de votre chef ? Sinon, pourquoi restez-vous ?

Écrivez les raisons et analysez-les.

Sont-elles suffisamment valables pour rester là où vous êtes ?

Si oui, fixez-vous une date pour vous reposer ces questions. Et faites-le.

Quelque chose vous freine-t-il dans votre carrière ?

Écrivez ce que c'est, ainsi que les façons d'y remédier.

Y a-t-il quelque chose en dehors du travail que vous voudriez accomplir ?

Vous avez peut-être envie d'apprendre à jouer d'un instrument de musique, de chanter dans une chorale, d'écrire un roman, de traverser la Manche à la nage ou de battre un record mondial. Écrivez trois choses que vous aimeriez faire et essayez d'en faire une dans l'année.

À l'approche de la retraite

Il faut faire des bilans à chaque étape de votre carrière, même si vous approchez de la retraite. Je préfère d'ailleurs dire « réajuste-ment de carrière » que « retraite », car j'espère passer les quinze dernières années de ma carrière à enseigner. Même si vous avez économisé beaucoup d'argent, je ne saurais que trop vous conseil-ler de faire du bénévolat.

Il est donc temps maintenant d'avoir un nouveau projet !

Écrivez trois métiers que vous auriez aimé faire si vous n'aviez pas fait le vôtre.

Pourquoi ne pas en essayer un après ?

Qu'est-ce qui vous arrête ?

Comment pouvez-vous y remédier ?

CHAPITRE 4

DITES SIMPLEMENT « NON »

Non !

Dites-le.

Dites-le encore.

Criez-le.

Vous voyez ? Ce n'est pas si difficile que cela !

Pourtant, cela l'est. Les femmes ont du mal à dire « non » mais si vous y parvenez, cela vous aidera à progresser dans votre carrière autant, pour ne pas dire plus, que d'autres armes de votre arsenal.

Pourquoi les femmes ont-elles tant de mal à dire « non » ?

Parce que nous sommes conditionnées pour plaire. Comme si les hommes étaient nés pour se dépasser et les femmes pour plaire.

Kevin Leman, l'auteur de *Smart Women Know When to Say No*[10] est intarissable sur les raisons qui font que les femmes sont, selon lui, « extrêmement désireuses de plaire ». Il pense qu'elles :

- ont appris à plaire quand elles étaient petites
- ont une faible estime de soi
- aiment essayer de rendre tout le monde heureux
- se sentent généralement inférieures aux hommes ou
- ont besoin d'être de «bonnes filles» pour que les gens les apprécient.

---

10. Littéralement : *Les femmes intelligentes savent quand dire non*.

Ce n'est pas agréable à entendre, hein ?

Apparemment, le problème des femmes, c'est qu'elles ont le « sens de la communauté ». Selon un autre livre sur le sujet *Women Don't Ask*[11], nous tenons moins compte de nos besoins et plus compte du bien-être des autres. Les auteurs parlent du syndrome de la « bonne fille » ou de la « gentille fille » et laissent entendre que les femmes sont élevées pour être « à l'écoute des autres », c'est-à-dire pour se soucier des conséquences de leurs actions sur les autres.

Les psychologues parlent de « schémas personnels » (la façon dont nous nous voyons). Deux spécialistes de la psychologie sociale, Susan Cross et Laura Madson, expliquent que les hommes ont tendance à se voir comme des êtres indépendants alors que les femmes se voient comme des êtres interdépendants.

Les hommes ayant des schémas personnels indépendants se focalisent sur leurs goûts et leurs projets personnels et cherchent à avoir des relations plus nombreuses, plus utiles qu'intimes et qui nécessitent peu d'investissement personnel.

Les femmes ayant des schémas personnels interdépendants cherchent en priorité à tisser des relations solides et à les protéger. (Ce qui d'ailleurs doit vouloir dire que les femmes excellent dans l'art de se construire un réseau.)

Ainsi, les femmes ont du mal à dire « non ».

Dans ce chapitre, je vais vous dire pourquoi le fait de dire « non » est si important si vous accédez un jour à de hautes fonctions – et vous expliquer comment mieux y parvenir.

---

11. Littéralement : *Les femmes ne demandent rien*.

Faites les bons choix

Pour faire une belle carrière, il faut faire les bons choix. On n'est jamais trop jeune ou trop vieille pour les faire, même si les options changent avec l'âge. Que vous ayez quatorze ans, quarante ou que vous soyez à quatre ans de vos quatre-vingts ans, vous n'avez que vingt-quatre heures par jour – d'où la nécessité de bien les utiliser.

La gestion du temps est un sujet à part entière que j'aborde dans le chapitre 6. Mais avant de le lire, vous devez apprendre à dire « non ».

Quand je dis aux gens que savoir dire « non » est un atout dans la vie, la plupart des plus jeunes pensent que je parle de sexe et de drogue – et que savoir dire « non » concerne autant les hommes que les femmes. La vie offre bien des tentations qui vont des éclairs au chocolat aux cigarettes artisanales.

Tout le monde est un jour tenté de transgresser.

Après tout, depuis qu'Ève a cueilli une pomme, on a tous du mal à dire « non ».

Et puis, les hommes et les femmes doivent apprendre que faire la fête la veille d'un gros examen n'est sans doute pas une bonne idée. Pas évident de refuser quelque chose de beaucoup plus tentant que des révisions. Bien sûr nous devons tous, les hommes comme les femmes, apprendre le concept du plaisir différé qui est un autre atout important dans la vie. Mais les petites filles de dix ans aiment être aimées alors que les garçons veulent être admirés. C'est pourquoi les filles excellent tant dans les sports d'équipe et pourquoi les garçons deviennent des meneurs.

Vous pensez peut-être que je généralise trop – mais, vous savez quoi ?

Regardez autour de vous et dites-moi si j'ai tort.

Je déteste dire « non ».

Et je déteste surtout dire « non » quand je sais que cela aura des répercussions sur ceux que j'aime. L'année dernière, monsieur M. et moi-même avons reçu une lettre de l'école de Coût de Cœur n°3, nous informant que la réunion parents-profs était prévue un lundi soir quatre semaines plus tard. Nous avions tous les deux d'autres engagements ce soir-là. CC n°3 était en seconde et, à douze ans, il éprouvait des difficultés. Il était donc important pour nous de voir ses professeurs pour trouver le meilleur moyen de l'aider. Mais j'ai tout de suite dit à monsieur M. que je n'irai pas.

Pourquoi ?

Parce que ce soir-là, j'avais une importante réunion du comité.

Vous vous dites peut-être que ce genre de réunion n'a aucune importance quand on peut aider son enfant à progresser à l'école ?

Pour moi, si.

Voici comment je suis arrivée à cette conclusion :

- Le comité dont je faisais partie organise un événement caritatif très médiatisé
- Il ne se réunit que trois fois par an
- Ses membres comptent certains des hommes les plus influents de la City de Londres qui pourraient (et peuvent) faire la promotion de mon entreprise
- Je n'en faisais partie que depuis deux ans et je devais contribuer personnellement à cet événement car je n'avais pas pu le faire la première fois
- Je ne pouvais pas envoyer quelqu'un à ma place.

J'ai donc pris la difficile décision de refuser d'aller à la réunion parents-profs.

Ce soir-là, monsieur M. devait coacher l'équipe de cricket féminin locale, ce qu'il pouvait (et a pu) déléguer... à CC n°1. Je suis allée à la réunion de mon comité et mon mari est allé à la réunion parents-profs. CC n°1 a réussi à gérer vingt et une femmes d'âges, de poids et de niveaux différents pendant une heure dans les cages.

Certes, je ne suis pas fan des réunions parents-profs. Quand j'y vais, j'ai l'impression d'être à un speed-dating. On a cinq minutes par professeur avant de passer à l'autre. Je pense que personne ne peut évaluer précisément les progrès d'un enfant en cinq minutes (pas plus qu'on ne peut juger un éventuel futur compagnon en cinq minutes). Mais j'y serais allée si je n'avais pas eu la certitude que la réunion du comité était capitale pour ma carrière. Et, très important, j'ai limité les risques en :

- envoyant mon mari
- expliquant à CC n°3 pourquoi je n'y allais pas
- expliquant à ses profs pourquoi je n'y allais pas et
- allant les voir un matin avant les cours.

Oui, je m'en suis voulu d'avoir dit « non », mais j'ai appris que dire « non » est important même si je n'en suis pas très fière sur le moment.

Il faut parfois souffrir à court terme pour gagner sur le long terme.

CC n° 3 aurait sans doute aimé que j'aille à cette réunion, mais il sera déçu si je ne peux pas financer ses études parce que mon entreprise marche moins bien qu'avant.

Définissez vos priorités

J'ai des priorités. Je mesure chaque requête me prenant du temps à l'aune de ces priorités et, si une requête est moins importante, je dis « non » même si cette décision me pèse sur le court terme.

Mes priorités sont les suivantes :

- Mon travail
- Mes enfants
- Mon mari
- Mes amis, et enfin
- Moi-même.

Quelles sont vos priorités ?

Trouvez-les et listez-les.

N'oubliez pas que les priorités sont différentes des objectifs qu'on se fixe.

Si vous savez quelles sont vos priorités, vous saurez si vous devez dire « non » à une invitation.

Par exemple, imaginez que vous avez accepté d'aller à l'enterrement de vie de jeune fille d'une amie proche ou même de votre sœur. Et voilà qu'on vous demande d'intervenir ce week-end-là à une conférence qui est intéressante mais sans véritable lien avec votre travail. Votre réponse, j'espère, sera « non ». Certes, cette conférence vous permettra de faire un peu d'autopromotion, mais si on vous sollicite une fois, on vous re-sollicitera. Dans ce cas, si vous comparez cette demande avec vos priorités (dans mon cas : ma famille et mes amis avant moi) vous allez assiter à l'enterrement de vie de jeune fille.

Mais si la fête de votre sœur est prévue le dernier week-end de janvier et que vous êtes nommée « Jeune leader mondiale » par le Forum économique de Davos où vous avez été invitée ? Dans ce cas, je conseillerai à la grande majorité des femmes d'y aller au détriment de la soirée de leur sœur. Le mieux, c'est peut-être d'essayer d'avancer cette soirée ou alors d'expliquer simplement à votre sœur que vous devez y renoncer pour l'intérêt de votre carrière.

Ce ne sera pas agréable, mais c'est ce qu'il faudra faire – si vous voulez être un jour dans les hautes sphères.

Utilisez intelligemment votre énergie

Vous devez donc impérativement faire une liste de priorités car vous ne pouvez pas être physiquement à deux endroits en même temps. Et même si vous n'avez pas deux invitations qui tombent en même temps, vous devez vous rappeler que votre principale priorité, c'est d'économiser votre énergie.

L'énergie est la clé du succès, et votre énergie n'a qu'une source : vous.

Nous devons toutes dire « non » de temps en temps pour économiser notre énergie et nous concentrer sur notre marche vers le succès.

Je sais d'expérience et par les nombreuses mères de famille actives que je rencontre chaque jour, que le manque de sommeil peut encore plus que tout le reste détruire l'énergie et la capacité d'avoir une vision globale. J'ai récemment parlé à une femme de mon équipe qui excellait dans son travail sans en avoir conscience et sans en tirer aucune fierté parce qu'elle était juste trop fatiguée. Sa petite fille ayant pris l'habitude de venir dans la chambre parentale plusieurs fois par nuit, elle devait se lever pour la remettre dans son lit. J'ai essayé de lui faire comprendre qu'il était dans l'intérêt de tout le monde qu'elle fasse une bonne nuit : une semaine de travail efficace et productive poserait des bases financières solides pour l'avenir de sa fille, ce qui était plus important que le caprice de sa fille à vouloir que ce soit elle et non son père qui la recouche.

Je lui ai conseillé d'essayer de faire une bonne nuit de sommeil, tous les mardi ou mercredi. Je lui ai même suggéré d'aller dormir dans la chambre d'amis, de mettre des boules Quies et de laisser son mari gérer la visite de 3 heures du matin… Ou alors d'aller dormir chez une amie une fois par semaine ou de demander à sa mère de venir la relayer cette nuit-là.

Un conseil simple, mais quand on manque de sommeil, on n'y pense pas forcément. C'est très facile de prendre des décisions stratégiques quand on dort assez !

On m'a récemment demandé de prendre la parole à la fin d'un dîner caritatif. C'était une cause louable, l'invitation était bien formulée et le conseil d'administration de cette œuvre est dirigé par un capitaine de l'industrie à la réputation impressionnante. Mais j'ai dit « non », car ce dîner n'avait aucun intérêt pour mon entreprise. En dehors du président (qui était proche de la retraite), aucun membre de cette œuvre ou de l'assistance me serait utile. Le projet de cette œuvre n'avait aucun rapport avec mon métier et ne servait aucun de mes intérêts professionnels ou familiaux. Les seuls bénéficiaires de ma participation auraient été (et c'est vrai que c'est important) les bénéficiaires de ce dîner. Je n'étais pas à l'aise à l'idée de facturer mon intervention et, même si je l'avais fait, je n'aurais pas pu le faire à mon tarif habituel, car c'était pour une œuvre caritative.

En réfléchissant à tout cela, j'ai compris que j'allais dire « non ». J'ai appelé mon agent pour lui en parler avant (au cas où j'aurais loupé un détail essentiel pour ma réputation) et il était d'accord avec moi. Il s'occupe de plusieurs personnes (beaucoup plus célèbres que moi) et m'a dit qu'elles aussi avaient refusé des invitations de ce genre.

J'ai donc dit « non ».

J'ai culpabilisé pendant environ une demi-heure (c'était, après tout, une noble cause), mais cela m'a permis de passer une soirée de plus à la maison avec ma famille et de rester concentrée sur mes priorités. C'était ce qu'il y avait de mieux à faire pour ma carrière.

Vous devez me trouver terriblement dure.

C'est tout le contraire. Je pourrai aider plus efficacement les œuvres de charité si je réussis dans la vie. La meilleure façon d'aider les pauvres, comme j'aime à le rappeler, c'est de ne pas le devenir soi-même.

Liz Rosenberg a un fort caractère – ce qui est un atout pour elle car, dans sa vie professionnelle, elle est souvent amenée à dire « non ». Elle en connaît un rayon sur les femmes ambitieuses puisqu'elle travaille pour l'une des femmes ayant le plus grand succès commercial du monde : Madonna Louise Ciccone.

Si vous voulez vraiment voir le pouvoir d'un « non » en pleine action, allez à une conférence de presse de Madonna comme celle organisée pour le lancement de sa nouvelle collection de prêt-à-porter pour ados chez Macy. Les journalistes étaient soigneusement encadrés par Liz Rosenberg qui leur a interdit de poser des questions sans rapport avec sa ligne de vêtements. Toute personne tentant d'enfreindre cette règle – et certains, même s'ils n'étaient pas nombreux, ont essayé – étaient renvoyés sur-le-champ. Liz Rosenberg est devenue experte dans l'art de dire « non » au nom de sa célèbre cliente, ce qui a permis à cette dernière de rester concentrée, de préserver le caractère exceptionnel de ses interviews et de protéger sa marque.

Un exemple à suivre…

Il est parfois rentable de dire « non »

S'il est un domaine crucial dans lequel il faut dire « non », c'est le salaire. Tout le monde sait qu'il y a une différence de salaire entre les hommes et les femmes. Pour être tout à fait claire, je ne pense pas que les hommes ont conspiré pour maintenir les femmes dans une servitude mal payée. Je pense que c'est simplement les femmes qui ne demandent pas à gagner plus.

Là encore, l'envie de plaire, saupoudrée d'une pincée de doute de soi, explique pas mal de choses. Nous sommes pathétiquement contentes de notre salaire quel qu'il soit et pensons que les autres avantages (horaires flexibles, poste intéressant, sentiment d'accomplissement) nous empêchent de demander plus.

Mais quand on travaille dans un monde d'hommes, il faut demander le salaire d'un homme.

Si on vous propose moins, dites « non ».

Chez les hommes, c'est spontané.

J'ai un jour parlé de salaire avec un homme qui mène une carrière brillante dans une grande entreprise internationale. Il y travaille depuis longtemps et s'est investi très dur la première année en passant des heures à chouchouter ses gros clients, à gérer son équipe et à trouver de nouveaux talents pour son employeur. Il savait parfaitement ce qu'il avait accompli pour sa société et en avait gardé des preuves. Lors de l'évaluation annuelle, ses chefs lui ont annoncé le montant de la prime qu'ils comptaient lui donner. Ils lui avaient même préparé une lettre. Il leur a dit, très calmement, de se la garder. Il leur a ensuite poliment suggéré d'oublier que cet entretien avait eu lieu et les a prévenus qu'il demanderait à sa secrétaire de fixer un autre rendez-vous avec eux la semaine suivante comme si de rien n'était. À eux ensuite, de lui proposer un autre montant.

De cette façon, il a dit un très grand « non » à la première prime qu'on lui proposait. Lors du second entretien, une nouvelle lettre l'attendait – avec un chiffre plus important.

Combien de femmes auraient oser se comporter ainsi ?

Si j'en crois mon expérience, la plupart auraient accepté la première prime et s'en seraient ensuite plaintes auprès de tout le monde.

Dans un livre sur la négociation au féminin, la psychologue Patricia Farrell attribue cette réticence des femmes à dire « non » à l'importance qu'elles donnent aux relations humaines. Selon elle, les femmes ont tendance à croire que les conflits ont un effet négatif sur leurs relations avec les personnes concernées. Les femmes sont prêtes à éviter les négociations de salaire avec leur chef car elles pensent que cela risque de changer leurs relations à jamais.

Il y a aussi le problème des stéréotypes comme de dire que « les femmes sont douces » qui se transforme en un despotique « les femmes devraient être douces ». Dans le monde des affaires, les femmes doivent copier le comportement des hommes (ce qui les rend moins populaires, car elles sont, par exemple, confiantes dans leurs atouts et fières de leur pouvoir) tout en se conformant aux attentes des autres (être « gentille »).

C'est une façon comme une autre de dire que les gens n'aiment pas les femmes qui se comportent comme des hommes. Retour au jugement à deux vitesses : « Il a l'âme d'un leader, elle est agressive. » Pour obtenir l'augmentation que vous méritez, vous devez être aussi forte qu'un homme mais à la façon d'une femme.

Fixez-vous un objectif pour votre prochaine augmentation.

Combien êtes-vous payée maintenant ? Combien, à votre avis, devriez-vous être payée ? Pourquoi ?

Faites un peu de benchmarking, rassemblez des preuves et voyez si le chiffre que vous avez en tête est envisageable. Si vous travaillez dans une petite entreprise avec des marges serrées, on ne pourra peut-être pas vous offrir le salaire que vous méritez.

Dans ce cas, les autres avantages (la flexibilité et le reste) compensent-ils la différence ?

Sinon, partez et trouvez un poste dans une plus grande entreprise.

Si vous avez en tête un chiffre raisonnable et qu'on vous propose moins, dites simplement « non ».

Pas la peine de crier ou de pleurer. Entraînez-vous à l'avance avec des amis ou votre compagnon. Quand les hommes d'affaires et les politiciens savent qu'ils vont devoir durement ferrailler avec d'autres personnes – par exemple, quand ils sont interviewés en direct à la télévision – ils s'entraînent presque toujours avant pour être certains de paraître confiants, et non arrogants. C'est pourquoi vous devez le faire avant toute négociation de salaire.

Envisageons un autre scénario. Vous avez été contactée par un chasseur de têtes ou répondu à une petite annonce pour un nouveau travail. C'est un travail qui vous plairait, qui vous ferait faire un vrai pas en avant et qui serait à la fois intéressant et gratifiant. On vous fait une offre pour ce poste mais la paie n'est pas à la hauteur de vos besoins ou de votre expérience.

Comment dire « non » ?

La réponse est simple.

Écrivez-leur en leur expliquant – poliment – à quel point vous aimeriez pouvoir accepter ce poste en décrivant toutes les raisons pour lesquelles il vous plaît, mais que vous trouvez que la paie n'est pas à la hauteur – et plus important encore à un niveau qui vous permettrait d'accepter ce poste. Pensez aussi à préciser le montant de la paie qui vous conviendrait.

Je ne suis pas en train de vous dire qu'il faut toujours dire « non » à la première offre. Les chasseurs de têtes passent beaucoup de temps à négocier les tarifs entre les employeurs et leurs éventuels employés. Je sais qu'ils sont très agacés quand un candidat refuse la première offre parce qu'ils pensent que c'est la « mise de départ ». Les gros employeurs réfléchissent longuement aux offres qu'ils font. Ils commencent à y penser longtemps avant et en parlent avec leur chasseur de têtes. Ils prennent en compte le tarif en vigueur pour ce genre de poste sur le marché (que le chasseur de têtes leur a indiqué), le salaire actuel du candidat et la structure de rémunération de leur société.

Ils se disent rarement : « Quel est le prix minimum qu'on peut mettre ? »

Mais certains – heureusement rares – candidats pensent que les employeurs se comportent ainsi.

La première offre peut tout à fait être la bonne – vous devez juste avoir un objectif en tête durant la phase d'entretiens et en avoir parlé avec le chasseur de têtes. Puis, quand on vous fera une offre, si elle correspond ou est très proche de votre objectif, vous devriez dire « oui ».

Dire « non » aux avances sexuelles

Même s'il est important d'être capable de dire « non », ce n'est pas quelque chose que nous aimons faire.

Prenez l'exemple du sexe.

Combien d'entre vous ont-elles eu un rapport sans vraiment le vouloir ?

Je ne parle pas de viol. Je parle d'un rapport, dans une relation stable, dont on n'a pas vraiment envie mais qu'on n'ose pas refuser. Je parie que la plupart des femmes qui lisent ces lignes comprennent exactement ce que je veux dire.

Pourquoi croyez-vous que certaines femmes feignent parfois d'avoir un orgasme ?

Comme dit précédemment, nous sommes conditionnées pour plaire.

En ce qui concerne le sexe, il y a un moment où il faut dire « non » – ou alors où il faut au moins sérieusement envisager de le dire. Il est pratiquement inévitable qu'à un certain stade de votre carrière, quelqu'un avec qui vous travaillez (un collègue, voire un client) veuille tisser des liens plus intimes avec vous.

Il peut être, ou pas, à un poste supérieur au vôtre.

Il peut avoir, ou pas, la capacité de vous aider dans votre carrière.

Il est certainement déjà en couple, souvent marié – et vous aussi peut-être.

Le but de ce livre n'est pas de vous faire la morale, mais de vous aider à faire une belle carrière. Coucher pour réussir, soyons franches, est une possibilité qui s'offre beaucoup plus aux femmes qu'aux hommes.

Mais le risque de coucher avec quelqu'un de son environnement professionnel, surtout quand on est en pleine ascension et qu'on devient plus connue et plus respectée, est plus élevé pour une femme que pour un homme. Le risque n'est vraiment pas le même pour les deux – si cela se sait, votre partenaire sera considéré comme un séducteur alors que vous serez considérée comme quelqu'un qui a fait une erreur de jugement. Je ne pense pas que cette mentalité changera de mon vivant, ni du vôtre d'ailleurs.

Ce risque à deux vitesses ne se limite pas à la réputation, il peut aussi impacter sur la carrière. Il y a de nombreux cas célèbres de liaisons entre des femmes dirigeantes et leur P-DG.

Prenons le temps d'étudier la question.

Combien de fois est-ce l'homme qui a démissionné ? (Au fait, beaucoup de ces femmes travaillent dans les ressources humaines. Quelle leçon sommes-nous censées en tirer ? Que si on fait carrière dans les ressources humaines, on a plus de chances d'avoir une vie sexuelle intéressante ?).

Dire « non » aux avances sexuelles est un atout dans une carrière, ce qui ne veut pas dire qu'il faut cacher vos atouts. (Le chapitre 9 traite de l'importance de faire son autopromotion, ainsi que de l'importance de soigner son look au bureau.) Être une femme peut être un grand avantage. Les hommes – car, regardons les choses en face, la plupart des gens que vous allez croiser dans votre carrière sont des hommes – aiment être avec une femme surtout si elle est de compagnie et d'allure agréables.

La drague inoffensive peut vous aider à obtenir ce que vous voulez au travail. Et tant pis pour ceux qui pensent que c'est s'engager sur une pente savonneuse, que les femmes qui flirtent méritent qu'on leur fasse un jour des avances sexuelles. Nous sommes des femmes intelligentes et nous savons où est la limite.

De plus, à quoi bon être une femme si on n'en tire pas avantage ?

Cela me rappelle ma première année dans une banque d'investissement. Ma tâche consistait entre autres à contacter et à rencontrer des douzaines de gestionnaires de fonds. Je devais les informer des idées et des opinions de mon chef, un analyste financier qui faisait des recommandations boursières. Le concept, c'était de faire connaître son mérite au plus grand nombre de gens possible pour qu'ils votent pour lui lors du classement annuel des analystes financiers. Être en haut de ce classement était une marque d'honneur pour lui et pour la banque qui nous employait. Il m'a dit que, si je lui obtenais une bonne place dans ce classement, j'aurais une grosse prime.

J'en ai parlé à une collègue plus jeune, plus intelligente et plus expérimentée qui faisait le même travail que moi pour un autre analyste financier couvrant un autre secteur.

« Que faut-il faire pour que ces gestionnaires de fonds votent pour nos chefs ? » lui ai-je demandé.

« C'est facile, m'a-t-elle répondu, il suffit d'appliquer la technique du 'slip en chocolat'. »

« Du quoi ? »

« Tu dois imaginer que tous les gestionnaires de fonds masculins m'expliqua-t-elle alors très sérieusement, portent un slip en chocolat que tu aimerais lécher. »

Waouh !

Je devais donc faire semblant d'être physiquement attirée par mes clients pour atteindre mon objectif professionnel à court terme ?

« Oui », m'a-t-elle confirmé.

D'accord.

Je ne bâtis pas ma carrière sur des principes moraux. Je veux juste savoir comment progresser. Je suis donc les conseils qu'on me donne du moment que ce n'est pas illégal – et que cela ne risque pas de briser mon mariage.

Je me suis mise à inviter mes clients à déjeuner en tête à tête et à les regarder avec adoration par-dessus la table du restaurant. Cela a fabuleusement bien marché et mon chef a obtenu un maximum de votes pour le classement.

Cela m'a bien sûr aussi valu une dizaine de kilos en plus à cause de la fréquence de ces repas, ainsi que deux propositions gênantes sur autre chose que de la nourriture. (C'était il y a longtemps. J'étais beaucoup plus jolie.)

Réflexion faite, je ne recommanderai pas cette méthode pour accéder à un poste de haut niveau.

Comment dire « non »

Vous devez absolument être en mesure de savoir quand dire « non » et acquérir la force de caractère nécessaire pour le faire – tout cela dans le but de mieux réussir dans votre carrière.

Alors, comment *dire* « non » ?

D'abord, faites en sorte de dire vraiment « non » au lieu d'une phrase qui, pour vous, signifie un refus. Le mot « non » doit apparaître quelque part même s'il est entouré de mots moins durs comme : « Je crains de devoir vous dire 'non'. »

Ensuite, ne laissez surtout pas la porte entrouverte. Si vous déclinez une invitation – ou une proposition de séjour dans un hôtel – en disant que c'est impossible « cette fois », on vous le redemandera et vous devrez de nouveau dire « non ». Il vaut mieux expliquer pour-

quoi vous déclinez cette invitation et dire : « Je suis très occupée en
ce moment par mon fabuleux travail et ma famille, et je n'accepte
que les invitations des œuvres de charité dans lesquelles je m'implique » ou « désolée, je suis mariée et je ne peux tout bonnement
pas le faire », ou quelque chose d'équivalent.

Comme cela, votre interlocuteur comprendra qu'il ne faut pas
vous le redemander.

Il faudra aussi décliner le plus gentiment possible toute rencontre
plus intime avec un collègue, un chef ou un client en leur expliquant
pourquoi. Sinon, vous risquez d'être très embarrassés la prochaine
fois où vous vous verrez. Bien sûr, c'est plus gentil de dire que, dans
d'autres circonstances, si vous n'étiez pas mariée ou employée dans
la même société, ce serait l'homme de vos rêves. Je vous déconseille
aussi vivement de dire ce que vous pensez vraiment – surtout
a) si c'est l'un de vos supérieurs hiérarchiques et qu'il peut agir sur
votre carrière et b) si c'était le dernier homme sur terre, vous préfé-
reriez sans doute vous acheter un canard vibrant.

Pour refuser une offre financière – que cela concerne le salaire,
une prime ou un nouveau poste – vous devez dire « non » de façon
ferme et calme, tout en expliquant en détail ce qui pourrait vous
faire changer d'avis. Évitez les grandes colères théâtrales si on vous
propose un salaire ou une prime inférieurs à la normale au risque de
vous entendre dire que c'est « typiquement féminin ». Au lieu de
dire à votre interlocuteur que vous prenez cela comme un affront
personnel, essayez de lui expliquer d'une voix calme pourquoi vous
pensez que vous méritez une meilleure prime, puis rendez-lui sa
lettre et demandez-lui si vous pouvez convenir d'une autre date
pour en reparler.

Si vous avez l'intention de refuser un événement social ou d'intervenir à une conférence et que vous craignez de vexer votre interlocuteur en le faisant trop vite, gagnez du temps en expliquant que

vous devez vérifier si vous êtes disponible. Cela vous évitera de dire « non » tout de suite, ce qui est moins vexant pour l'autre. Mais pensez aussi à vérifier vraiment « si vous êtes disponible » et prenez vite une décision pour couper court aux espoirs de la personne qui vous a contactée.

Dire « non » est un atout dans la vie qu'il est très important de maîtriser si vous voulez faire une belle carrière. Mais vous ne devez jamais oublier que cela n'a rien de plaisant, même quand on y arrive parfaitement.

Si construire une carrière était facile et tranquille, il y aurait plus de femmes en haut des organigrammes. Ne pensez pas que dire « non » est agréable. Même si vous êtes la femme la plus dure du monde, vous n'aimerez pas le faire. Il y a, après tout, une partie de vous qui a été conditionnée pour plaire. (Je suis persuadée que, puisque les hommes et les femmes sont divisés en mode séduction / performance depuis tant de générations, nos gênes vont obligatoirement évoluer.)

Dire « non » n'est pas agréable – si vous gardez cela en tête, ce sera plus facile à faire. Réussir professionnellement (comme être un bon parent) ne rend pas forcément populaire.

La bonne nouvelle, c'est qu'on s'en remet vite.

Alors, osez le dire et avancez !

Tout ira mieux…

Comment gérer des gens qui ont appris à dire « non »

Pour finir, un mot sur la façon de gérer les gens qui ont appris à dire « non », qui sont débordés et couronnés de succès, et dont le temps est très limité.

Faites votre demande de façon très spécifique en vous arrangeant pour qu'elle soit quasiment impossible à refuser.

Une chasseuse de têtes de ma connaissance que j'appellerai Jane Lloyd m'a expliqué comment faire. Avec son important fichier de postes de rêve acquis en onze ans de carrière, elle est très demandée. Pourtant, quand on l'appelle ou qu'on lui envoie des courriels, cela se limite souvent à :

Chère Jane,

Je m'appelle Maria et je voudrais vous rencontrer pour parler avec vous de ma carrière.

C'est la preuve que les gens ne savent pas arracher un « oui » à quelqu'un comme elle.

Il vaudrait mieux écrire :

Chère Madame Lloyd,

J'ai rencontré Mme Moneypenny l'autre jour lors d'un déjeuner au Savoy, et elle m'a conseillé de vous envoyer mon CV.

Je vous saurai gré de bien vouloir penser à moi pour les postes que vous devrez prochainement pourvoir et, si vous ou une collègue avez le temps de m'appeler, j'en profiterai pour mieux vous expliquer mon parcours et quel genre de poste j'aimerais trouver.

En formulant votre demande clairement (en disant que vous acceptez qu'un de ses collègues vous appelle à sa place) et en mentionnant le nom de quelqu'un qu'elle connaît et respecte (dans ce cas précis, moi), vous augmentez vos chances d'avoir une réponse positive.

Ce chapitre vous a, je l'espère, montré qu'être capable de dire « non » est un atout essentiel dans la vie qui aide à se libérer des contraintes et à réaliser ses ambitions.

Nous avons vu qu'en connaissant bien ses priorités, on sait mieux s'il faut dire « oui » ou « non ». Vous n'aimerez pas forcément dire

« non », mais n'oubliez pas que c'est un moindre mal pour un bien-fait maximal. Cette gêne que vous ressentirez quand vous déclinerez une nouvelle fois une faible augmentation de salaire, quand vous refuserez de vous occuper du stand gâteaux à la fête de l'école ou quand vous raterez une super fête parce que vous avez un examen crucial le lendemain va vous permettre d'utiliser votre temps plus intelligemment et donc d'être fière de vous.

Et vous aurez l'énergie nécessaire pour atteindre les sommets qui vous sont destinés.

DEVOIRS POUR FEMMES AMBITIEUSES

À n'importe quel stade de votre carrière

Vous avez envie de vous exercer dans l'art de dire « non » ?

Essayez d'arrêter l'alcool (ou le pain ou le chocolat) pendant une semaine (ou plus) et voyez comment vous vous sentez. Ce sera sans doute difficile au début et il y aura certainement des moments où vous aurez envie de craquer.

C'est pareil quand on dit « non ». Pensez furtivement « oui » et dites « non ». Habituez-vous à dire « non » à certaines choses (par exemple à l'alcool), à des événements sociaux ou des soirées entre amis. Ce sera un bon moyen de ressentir le désagrément de dire « non » tout en réalisant que c'est pour le mieux.

Au début de votre carrière

Pour identifier les choses pour lesquelles vous risquez de devoir dire « non », essayez ceci.

Listez vos objectifs de l'année. Par exemple : avoir de bonnes notes en fac, vous tisser un plus grand réseau.

Puis listez ce que vous devez faire pour y arriver.

Puis listez ce à quoi vous allez devoir renoncer pour y arriver.

Qu'allez-vous ressentir quand vous direz que vous ne pouvez pas faire cela ?

En y réfléchissant à l'avance, vous pourrez plus facilement dire « non ».

Si vous êtes une mère active

Comment gérez-vous le le planning de rendez-vous à l'école de vos enfants ?

Listez les dix événements de l'année scolaire auxquels les parents doivent le plus participer. Faites-le pour chaque enfant si vous en avez plus d'un à l'école.

Puis décidez avec votre compagnon de qui fera quoi. Mettez-vous d'accord sur la façon de répondre aux attentes de vos enfants.

Qui pourrait vous remplacer facilement ? Vos parents ? Vos beaux-parents ? La nounou ? (Je les ai tous sollicités).

Puis essayez de donner la meilleure image possible de ces remplaçants à vos enfants pour que, quand vous ne pourrez pas être présente, ils puissent y aller à votre place, sans que ce soit considéré comme un pis-aller.

Et dire « non » sera alors moins terrible.

CHAPITRE 5

ON NE PEUT PAS TOUT AVOIR...

Si vous ne devez lire qu'un chapitre de ce livre, lisez celui-là.

Je ne crois pas au « plafond de verre ». Il a disparu depuis long-temps. Le mythe, néanmoins, persiste et nous devons le détruire.

Vous devez pour cela savoir que les femmes ne peuvent pas tout avoir. Vraiment.

Les jeunes femmes d'aujourd'hui sont élevées dans la croyance qu'il n'y a pas d'autres limites que le ciel. J'admire leur ambition et je pense que les femmes devraient être encouragées à être ambi-tieuses dès le plus jeune âge. Mais grandir en pensant (et en étant encouragée à penser) qu'il est tout à fait possible d'être le P-DG d'une grande société anonyme / une brillante chirurgienne du cerveau / une grande violoniste ou autre, *tout en* subvenant aux besoins d'un mari sublime, en ayant une vie sexuelle sensationnelle, en concevant et en élevant des enfants parfaitement équilibrés, en participant aux matchs de foot le week-end et en parvenant même à voir ses amies et ses parents, à aller chez le coiffeur, à s'offrir une manucure et à faire du Pilates, c'est aller au-devant de grandes désillusions.

OK, voilà le deal.

Le temps est une ressource rare. La façon dont vous l'utilisez est la clé de votre succès. Si vous assumez toutes les choses que vous devez faire pour réussir dans la vie – c'est-à-dire avoir les bonnes compé-tences, la bonne expérience, le bon réseau, la culture financière que je préconise dans le chapitre 7 et la « troisième dimension » dont je parle dans le chapitre 8 – je gage que vous n'aurez pas le temps de faire grand-chose d'autre.

On me demande souvent si je suis heureuse. Je trouve cette question étrange.

Heureuse à un moment donné ?

Heureuse en général ?

Personnellement, je pense que le bonheur n'est pas l'unité de mesure du succès. Je pense que si notre seul but dans la vie, c'est d'être heureuses, nous serons malheureuses. D'après mon expérience, ce n'est tout simplement pas possible d'être heureuse tout le temps.

Si vous rêvez de bonheur constant, ce qui n'est pas possible, vous serez forcément toujours malheureuse. Si vous vous donnez un but impossible, vous serez toujours déçue. En essayant de tout avoir, on est pratiquement sûre d'échouer.

La vérité sur les Superwomen

Retour en 2007. Carol Bartz, l'ancienne P-DG de Yahoo ! Inc., est P-DG d'Autodesk Inc. Voici ce qu'elle disait alors sur cette envie de tout avoir – ou au moins l'envie de trouver un équilibre entre vie professionnelle et vie privée, un objectif que les femmes se fixent souvent.

Je réfute le concept d'équilibre. L'équilibre sous-entend la perfection, ce qui signifie que chaque jour, je dois être un super P-DG, une super maman, une super citoyenne. Je devrais aider bénévolement une association et je devrais appeler tous mes amis. Je devrais aussi appeler ma grand-mère et sans doute faire des cookies maison. Donc, tous les jours, je devrais faire tout cela parfaitement. Cela ne marche pas comme ainsi. Cela met trop de pression à tout le monde.

Ce serait une bonne idée si nous arrêtions toutes d'essayer de trouver un équilibre entre vie professionnelle et vie privée. Cela veut dire que, pour la plupart des gens, le travail n'est pas toute la vie mais juste un aspect de la vie. Je préfère quand les gens pensent en terme « d'équilibre de vie ». Je pense que si les femmes connaissent leurs priorités et leur consacrent tout leur temps, elles atteindront leurs buts – y compris professionnels – beaucoup plus facilement.

Claire Vorster est une journaliste et une blogueuse américaine qui a posté ce billet l'an dernier.

« Tout avoir » est devenu la devise des gens avec qui j'ai grandi. On a été programmés pour être ambitieux, voyager, acheter au moins une maison, avoir un ou deux enfants, savoir quels vêtements porter et quand les porter, conduire la bonne marque de voiture, s'entretenir physiquement, ne pas faire plus de vingt-neuf ans, cuisiner comme un chef et avoir une super vie amoureuse.

En regardant ce que cette volonté de « tout avoir » a donné autour de moi, je peux dire que personne de mon entourage n'a « tout », même de loin. Tout le monde a des bouts de vie que les autres leur envient : une brillante carrière, une jolie maison, des enfants, une relation stable, des amis proches, la santé ou la fortune, le style ou le charme. Et tout le monde a des bouts de vie allant de « diffi-ciles » à « impossibles » : une perte ou un échec, une relation détruite ou une montagne gigantesque à escalader.

Claire évoque ensuite Nicola Horlick, une gestionnaire de fonds britannique qui, dans les années 1990, était montrée en exemple dans les médias pour sa carrière parfaite qui lui avait valu le titre de « Superwoman ». C'est parce qu'elle avait un poste à haut niveau, cinq enfants, une magnifique maison à Londres et une maison de campagne. Puis, un jour, elle a été licenciée et a fait un scandale à ce sujet, au point d'aller jusqu'en Allemagne (elle était employée par la Deutsche Bank *via* sa filiale, Morgan Grenfell) avec un détachement de journalistes collés à ses basques pour demander à être réembauchée.

Elle n'a pas été réembauchée. À la place, tout en cherchant un nouveau travail, elle a écrit un livre intitulé *Can You Have It All ?* qui a été publié en 1998 et racontait en détail la perte de son travail et le combat de sa fille aînée qui avait la leucémie. Voici ce qu'elle en disait à l'époque :

« Perdre mon travail n'est pas le pire qui me soit arrivé dans la vie. Le pire, pour moi, cela a été d'apprendre que Georgie avait la leucémie. Et le pire du pire, c'est quand j'ai su qu'elle avait rechuté. Avoir un enfant malade remet les choses en perspective. Avant que ma fille tombe malade, je pensais pouvoir tout avoir. Avec tout ce que j'ai enduré, je sais maintenant que c'est impossible. »

J'ai un exemplaire de son livre. Il est épuisé – mais avant de vous proposer de vous prêter le mien, laissez-moi vous dire que si vous lisez ce chapitre, vous n'aurez pas besoin de le lire. Elle a fait un sixième enfant, sa fille est morte, elle a divorcé et elle s'est remariée. Elle n'a jamais réussi à se débarrasser de son étiquette de Superwoman même si, selon elle, cela ne lui correspondait pas.

« Je ne crois pas au terme de Superwoman. Une Superwoman est une femme qui élève cinq enfants sans aide et sans argent. Moi, j'ai du ressort, je suis organisée et je sais mettre des limites. Je rentre chez moi à 18 heures tous les soirs sans faute ce qui, avec mon travail de gestionnaire de fonds, est possible. »

Trouvez ce qui est le plus important pour vous

Dans le chapitre 1, j'ai parlé de mon amie, Helen Weir, qui a fait un stage chez Unilever. Si vous ignoriez qu'elle avait un diplôme de mathématiques de l'université d'Oxford – avec mention très bien – plus un MBA de Stanford, vous l'auriez sans doute très vite deviné en parlant avec elle. Vous auriez aussi sans doute deviné, et avec raison, qu'elle ne rentrait pas chez elle tous les soirs à 18 h, et voici pourquoi :

> Quand je donne des conférences sur l'organisation des femmes, je leur dis qu'il faut accepter de faire des compromis. Je fais de longues heures mais je ne travaille pas le week-end, et je ne déroge pas à cette règle. Certaines personnes refuseront peut-être de faire cela (travailler de longues heures) et ce n'est pas un problème si cela leur convient. Les hommes sont aussi de plus en plus amenés à accepter et à faire des compromis.

Avoir des amies comme elle peut être intimidant (c'est comme rencontrer Elle Macpherson qui est si belle que les femmes normales se liquéfient en la voyant et rampent se cacher derrière un rocher).

Comment pouvais-je espérer avoir un jour le même succès qu'Helen ?

Ce qui m'a encouragée, et même inspirée en elle, ce n'est pas ce qu'elle a accompli – je n'arriverai jamais à la rattraper – mais comment elle y est parvenue. Nous sommes un jour intervenues à une conférence pour des lycéennes de seize à dix-huit ans. Helen a parlé en premier. Les lycéennes, captivées par sa présentation, lui ont posé des tas de questions.

Je devais passer après et je me suis donc demandé comment je pourrais les intéresser à mon tour. Mais j'avais un atout dans ma manche. Je leur ai demandé pourquoi elles n'avaient pas posé à Helen la question qu'à mon avis elles mourraient d'envie de lui poser.

Combien gagnait-elle ?

À l'époque, Helen était la directrice financière d'une société de l'indice FTSE[12] et son salaire était connu du grand public. Je leur ai

---

12. Indice boursier des cent entreprises britanniques les mieux cotées à la bourse de Londres.

donc expliqué qu'elles n'avaient pas besoin de le lui demander, car je le leur dirai. J'avais imprimé et pris avec moi le document nécessaire issu du rapport annuel de son entreprise.

L'année précédente, Helen avait gagné 1,64 million d'euros.

Comme la moyenne d'âge de l'assistance était de dix-sept ans, j'ai fait un tabac.

Mais ce qui m'a le plus marquée, ce jour-là, c'est à quel point Helen connaissait parfaitement ses priorités. Et elles étaient exactement identiques aux miennes sauf que moi, je ne les avais jamais exprimées clairement, même à moi-même, comme elle l'a fait ce jour-là lors de sa présentation. Elle a clairement reconnu qu'elle ne pouvait pas tout avoir et qu'elle s'était fixé comme objectif de faire les choses qui comptaient le plus pour elle.

Sa carrière et sa famille sont ses principaux objectifs dans la vie, et vous ne la verrez jamais investir beaucoup de temps dans autre chose. Elle a pourtant d'autres activités : des œuvres de charité, pour commencer, et le sport à la télé (elle est particulièrement fan de rugby et de football et a – je ne sais comment – réussi à avoir un enfant tous les quatre ans, à chaque coupe du monde de foot, pour pouvoir être chez elle et voir les matchs importants). Mais elle se concentre surtout sur sa carrière et sa famille.

Tout le monde ne peut pas être aussi brillant et aussi discipliné qu'elle. Moi la première. Mais je comprends l'intérêt de se fixer des priorités et de ne pas en avoir honte. Après avoir entendu Helen énoncer les siennes, je suis rentrée chez moi écrire les miennes et je m'en sers désormais systématiquement pour filtrer les demandes qui me prennent du temps et de l'énergie.

Pourquoi essayer de « tout avoir » est risqué

Il y a trois raisons pour lesquelles je pense qu'en essayant de « tout avoir », on ralentit sa carrière.

▨ La première c'est que, quand on veut bien faire quelque chose, il faut se concentrer. Et quand on essaie de gravir les échelons, il faut être très, très concentrée

▨ La deuxième, c'est la fatigue et la déception extrêmes que l'on ressent en tentant l'impossible

▨ La troisième – qui semble spécifique aux femmes – c'est que, quand on essaie de gérer de façon équilibrée des tas de demandes chronophages, on fait croire que (consciemment ou pas) on papillonne constamment.

Si vous acceptez une conférence téléphonique le jour du cross de l'école, les autres parents (et même votre enfant) peuvent croire, en vous voyant faire des tours de terrain de sport, que vous faites passer votre travail avant votre famille. J'ai eu l'extrême déplaisir de devoir faire cela sur un téléphone portable que je ne savais pas mettre en mode discrétion – et, au moment où je m'y attendais le moins, en plein match de cricket, un guichet est tombé et tout le monde a applaudi à tout rompre.

C'est dans ces moments-là que le client se dit qu'on ne s'intéresse pas tant que cela à son dossier.

J'ai la triste réputation de réserver des séances de gym à domicile et de les annuler pour pouvoir aller à un événement de l'école ou à un rendez-vous clientèle. Ce qui fait croire à mon coach que je n'ai pas si envie que cela de retrouver la forme.

Avoir ma propre émission télévisée, l'an dernier, ne m'a pas aidée – non seulement les rares clients qui regardaient la télé à 20 h 30 le mercredi se demandaient ce que je faisais à Manchester / Blackpool / Bognor Regis au lieu de travailler sur leur dossier, mais j'ai aussi loupé quelques réunions de direction importantes auxquelles j'avais promis de participer. En fait, je tournais presque toutes mes émissions le soir et le week-end, mais ce n'est pas la réalité qui compte, c'est ce que pensent les gens.

Avec le recul, je pardonne à tous mes clients, collègues, membres de ma famille d'avoir pensé que je me dispersais.

Il y a souvent, dans la carrière d'une femme, un moment où elle trouve qu'elle n'a pas suffisamment de temps en dehors de son travail pour faire face à ses autres engagements. C'est généralement quand elle a un enfant, mais cela peut aussi arriver en cas de maladie d'un de ses parents ou de son compagnon. Elle peut aussi avoir une autre entreprise à gérer ou s'être engagée dans trop d'activités philanthropiques.

C'est dans ces moments-là qu'il faut faire des choix car on ne peut possiblement pas tout avoir.

Britt Lintner, une chaleureuse et belle femme qui vous remonte le moral rien qu'en vous souriant, l'a appris récemment. D'origine scandinave, elle a été élevée et fait ses études aux États-Unis, puis travaillé dans la finance pendant de nombreuses années, principalement chez Lehman Brothers à New York, Hong Kong et Londres. En quittant Lehman Brothers bien avant sa disparition, elle a fait un break pour étudier la mode à l'Istituto Marangoni en Italie puis a lancé sa marque de vêtements. Quand elle a compris ce que cela représentait en termes d'investissement, elle est retournée travailler dans le secteur des fonds spéculatifs et a investi son salaire dans son affaire.

Comme Helen, son attitude fonceuse et ses succès ont beaucoup plu. C'est le genre de personne qu'on n'a pas envie d'avoir dans l'assistance quand on parle en public à moins d'être passée entre les mains d'une styliste, d'un coiffeur, d'un maquilleur – et, dans mon cas, d'un chirurgien esthétique – avant de monter sur scène.

Britt avait eu l'idée de créer sa marque de vêtements, quelques années plus tôt, en voyant qu'elle n'avait pas de vêtements profession-nels, tendance et fonctionnels qu'elle pouvait porter aussi bien en journée qu'en soirée. Elle a conçu des vêtements pour les femmes qui travaillent et qui ont besoin de passer sans effort du jour au soir avec des matières luxueuses mais résistantes et une coupe parfaite. Ses robes ont été portées par des femmes brillantes de tous horizons. Après l'élection d'Obama, Sarah Brown, la femme de notre Premier ministre de l'époque, portait une robe Britt Lintner quand elle a rencontré les Obama pour la première fois à la Maison Blanche. Trois des modèles de Britt sont portés par Christine Baranski, l'actrice qui joue une des principales associées d'un cabinet d'avocates de Chicago dans la troisième saison de *The Good Wife*.

Les médias ont beaucoup parlé de sa capacité à jongler entre sa carrière dans la finance, son entreprise de mode et sa vie de famille. On l'a décrite comme « à la fois un modèle pour sa clientèle et la première cliente de sa marque ». J'ai plusieurs de ses robes, et ce sont les plus jolies que j'aie. (Soit, ce n'est pas de la confection ; l'équipe de Britt a dû venir dans mon bureau avec un mètre de couturière XXL pour qu'elles m'aillent.)

Si vous ne pouvez pas être gestionnaire de fonds, vous pouvez au moins vous habiller comme telle.

Mais essayer de faire plus d'une chose correctement, surtout quand la pression monte, n'est jamais facile. Après le lancement de sa marque, Britt et son mari ont eu deux enfants. Puis, juste après ce grand changement dans sa vie, son employeur a acheté une nouvelle et plus grosse société, augmentant ainsi sa charge de travail.

Voici ce qu'elle écrivait fin avril 2011 dans son blog :

Je ne sais pas vous mais, moi, je me sens depuis quelque temps tiraillée dans tous les sens sauf dans la direction où je veux aller. Le seul moyen de trouver quelle route prendre, c'est de me dégager du temps libre pour réfléchir et noter la façon dont j'aimerais que se passent les vingt prochaines années, faire une sorte de business plan personnel en quelque sorte. Je n'ai pas fait un bilan digne de ce nom depuis des années et j'ai décidé qu'il était temps de le faire.

Finalement, Britt a dû choisir entre son travail de jour (un travail qu'elle faisait vraiment bien et pour lequel elle était bien payée) et sa marque de vêtements (une activité qu'elle adorait comme un premier enfant). Elle avait deux autres et véritables enfants à élever et un mari qui venait de monter sa propre affaire, et elle ne pouvait tout simplement pas consacrer le temps nécessaire à sa marque. Réalisant qu'elle devait faire un choix entre les deux et qu'à ce moment-là, sa principale priorité était sa famille, elle a décidé d'arrêter sa marque et de se concentrer sur son principal travail, son mari et ses enfants.

Cela a été dur pour elle – et une tragédie pour les femmes d'affaires coquettes… et une catastrophe pour moi. J'ai aussitôt entamé une période de deuil (et dû rebaptiser toutes mes robes « Britt Lintner Vintage »).

Britt a certainement eu beaucoup de mal à prendre cette décision. Ce n'est jamais facile de dire « non », comme on l'a vu dans le chapitre 4, et dire « non » à la pérennisation d'une entreprise qui porte notre nom doit être épouvantable. Elle a investi des années de sa vie, sa créativité et beaucoup d'argent dans son affaire. Mais j'admire le courage avec lequel elle s'est fixé des priorités et a tenu le cap.

Je l'admire d'autant plus que cela n'a favorisé aucune des autres facettes de sa vie.

Voici ce qu'elle écrivait dans son blog en mai 2011 :

Bonjour tout le monde,

Je suis assise là à me demander comment commencer ce billet et comme je ne sais pas, je vais tout vous dire d'un coup.

J'ai récemment pris une décision très difficile, à savoir arrêter temporairement ma marque à compter du 1er juillet.

La raison ? Comme mon amie Sonia m'a dit un jour : « On peut tout avoir, mais pas tout à la fois » et ce n'est pas le bon moment pour moi. Le tournant m'est apparu en fin d'année dernière car mon organisation personnelle ne me permettait pas de m'engager sur la voie de mes rêves à plein temps.

Mon affaire est devenue plus qu'une passion, un hobby et en définitive un travail secondaire, et je ne peux simplement pas gérer ces trois choses en même temps (ma famille, la finance et la mode). Un vrai casse-tête ! Je dois renoncer à quelque chose et là, maintenant, c'est à la mode.

Voici ce qu'elle écrit après :

J'ai appris que dire « non » à son *ego* et à l'attente des gens est extrêmement difficile quand on n'a qu'une envie : dire « oui ».

Comme elle a raison. C'est très difficile de dire « non ».

Je suis sûre qu'elle relancera sa marque un jour. Elle a intérêt – mes robes ne vont pas durer éternellement !

Mais Britt sera toujours propriétaire de sa marque. Regardez Diane von Furstenberg. Elle a arrêté son affaire pendant de nombreuses années et est partie vivre en France avant de la relancer en 1997, à un autre stade de sa vie. Depuis, sa marque s'est considérablement renforcée.

Même si vous décidez de vous concentrer sur peu de choses, surtout dans votre carrière, vous n'arriverez toujours pas à « tout avoir ». En revanche, la concentration est une clé importante du succès.

Les gens me disent souvent que j'ai l'air de « tout avoir », ce à quoi je leur réponds que ce n'est bien sûr pas le cas. Je dis « bien sûr » car je suis plus grosse et en moins bonne forme que je devrais l'être – un signe que j'ai toujours manqué de temps dans ma vie. Si je prenais plus de temps pour faire du sport et dormir tout mon soûl, et pour surveiller mon alimentation au lieu de grignoter ce que je trouve pendant les cinq minutes que durent mes repas, je serais complètement différente.

OK, je ne ressemblerais pas non plus à un top model, mais j'aurais beaucoup plus d'allure que maintenant.

J'aurais aussi une femme de ménage et une maison (et un bureau) mieux rangée et un jardin désherbé.

Et je pourrais faire de la terrine au faisan.

Et j'aurais fini de payer ma maison.

En fait, il y a des tas de choses que j'aimerais pouvoir faire, mais la vie est un compromis et on ne peut pas tout avoir. J'ai choisi de me concentrer sur ma carrière et ma famille au détriment de tout le reste.

Essayez de ne pas émettre de mauvais signaux

Si j'encourage les femmes à renoncer à « tout avoir », c'est pour leur éviter d'émettre malencontreusement de mauvais signaux à leurs actuels et futurs employeurs.

Souvenez-vous de l'inévitable jugement à deux vitesses pour les femmes et pour les hommes.

Une étude menée auprès de plus de 100 femmes cadres supérieures dans la finance en 2011 a montré que les mères étaient souvent jugées différemment des pères.

En quittant le travail une demi-heure plus tôt, on s'expose à des commentaires négatifs, alors que les hommes – qui prennent régulièrement du temps libre pour assister à une compétition sportive ou une réunion à l'école – sont considérés comme des « super papas ».

Rappelez-vous de la façon dont vos supérieurs ont réagi quand vous avez demandé des horaires plus flexibles, ou un travail à temps partiel, après avoir eu un bébé. Je pense que si une femme demande à travailler à temps partiel, ce peut être considéré comme un manque de motivation pour son travail. Certes, la plupart des dirigeants (et beaucoup de dirigeantes) pensent que les femmes qui en font la demande ne s'investiront plus qu'à temps partiel dans leur entreprise.

Je n'encourage généralement pas les femmes à travailler à temps partiel. Quand c'est possible, je leur conseille de travailler à plein temps, de viser haut et de décrocher le meilleur poste possible – pour pouvoir ensuite gérer leur emploi du temps comme elles le souhaitent.

Quand on veut assister aux sorties scolaires ou à une compétition sportive de son enfant, on n'a alors plus qu'à le noter dans son agenda.

C'est ce que fait Nicola Horlick – même si, là encore, elle « n'a pas tout ».

Je fais en sorte de ne pas louper des événements comme les fêtes de l'école, même si mes enfants sont dans cinq écoles différentes. J'organise mon planning en fonction de cela. Je n'ai pas de temps pour moi, mais j'ai mes priorités.

Carol Bartz a résolu cette équation en partageant son temps entre sa maison et sa vie professionnelle :

Il y a des jours où je dois consacrer toute mon attention à mon entreprise [...] et je n'accorde alors que 20 pour cent de mon attention à ma famille. Quand je suis en déplacement, je ne lui en accorde aucune. Et il y a des moments où je me consacre entièrement à ma famille. Le concept de ce numéro d'équilibriste consiste – comme je le dis – à rattraper les choses avant qu'elles ne tombent par terre. Si je travaille sur un gros projet, [il vient un moment où] je dois rentrer chez moi et arrêter de penser au travail pendant quelques heures.

Si vous avez vraiment besoin de travailler à temps partiel, vous allez devoir faire preuve d'imagination. Comme expliqué dans le chapitre 1, j'ai conseillé à une femme (qui a dû renoncer à un poste à plein temps après avoir eu trois Coûts de Cœur en quatre ans), d'enseigner la finance à temps partiel pour se tenir au courant des nouveautés. Et cela a bien marché — elle est maintenant directrice financière (à plein temps) dans une entreprise de télécommunications.

Mais si vous devez faire moins d'heures parce que vos priorités ont changé, souvenez-vous qu'il est beaucoup plus facile de travailler à temps partiel dans une société où on vous connaît et où on vous fait confiance. Les chefs de service accordent plus facilement un temps partiel aux personnes qu'ils connaissent et qu'ils ont vues à l'œuvre. Même si vous devez un jour retravailler à plein temps, ce sera beaucoup plus simple pour vous.

Si vous travaillez à temps partiel et que vous craignez que ce soit mal perçu, ne le dites pas à moins d'y être obligée. Diane Benussi, fondatrice et associée principale d'un cabinet d'avocats basé à Birmingham, m'a expliqué comment éluder la question :

❝ Ne rappelez pas sans arrêt à vos collègues que vous travaillez à temps partiel car ils peuvent voir cela comme un « manque d'implication ». Si quelqu'un vous propose un rendez-vous un jour où vous n'êtes pas au bureau, dites : « Désolée – ce n'est pas possible pour moi. » N'expliquez pas pourquoi. Sinon, et surtout si vous dites que vous *ne* travaillez *qu'à* temps partiel, ils vous oublieront. Ils vous zapperont la prochaine fois. Un homme dirait qu'il est multicartes. Vous ne pouvez pas dire « je travaille à temps partiel » sans ajouter le terrible « ne... que ». Cela sonne comme une excuse. Vous devez au contraire l'assumer – en disant que vous avez des horaires flexibles. ❞

Et revoilà le fameux jugement à deux vitesses : « Elle travaille à temps partiel ; il est multicartes. »

Même si je vous ai dit qu'en restant chez le même employeur, vous augmentez vos chances d'avoir un emploi du temps flexible, n'oubliez pas que – pour les plus ambitieuses d'entre vous – travailler trop longtemps pour le même employeur peut ralentir l'augmentation de salaire. C'est l'une des véritables raisons pour lesquelles les femmes finissent par être moins bien payées que les hommes – parce qu'elles ne bougent pas assez. Les femmes cherchent à équilibrer les choses dans leur vie – à « tout avoir » – et elles savent que c'est plus facile à faire dans une entreprise qu'elles comprennent et qui emploient des gens compétents qu'elles connaissent bien et en qui elles ont confiance. En fait, elles troquent la « récompense extrinsèque » – l'argent et parfois la fonction – contre la « récompense intrinsèque » : la flexibilité et un environnement familier.

J'ai vu des femmes passer à 80 % et n'être payée que 80 % de leur salaire en travaillant à 100 %. En fait, je connais des dirigeants qui sont ravis de voir les jeunes mamans revenir en demandant à travailler quatre jours. Ils savent que les plus consciencieuses leur donneront l'équivalent de cinq jours de travail – payés seulement quatre.

Ne le faites pas !

Demandez-vous pourquoi vous voulez travailler à 80 %

Pour avoir plus de temps avec vos enfants ?

Pour avoir le temps d'aller chez le coiffeur ?

Essayez de caser ces engagements dans votre semaine de travail

En travaillant à plein temps, vous montrerez à quel point vous vous investissez dans votre carrière.

Méfiez-vous de l'impact de la maternité

Vous aurez beau en rejeter la responsabilité sur les préjugés des hommes, la maternité peut signifier pour beaucoup de gens : « en mode priorité réduite pour mon travail ».

Cordelia Fine écrit dans son livre sur les différences entre les hommes et les femmes qu'il y a probablement une « taxe à la maternité », même si on s'investit dans sa carrière. Elle cite une étude menée aux États-Unis en 2007 pour laquelle on a demandé à des étudiants de premier cycle d'évaluer des candidatures de femmes pour un poste précis.

Les candidates « mamans » étaient considérées environ 10 pour cent moins compétentes, 15 pour cent moins impliquées dans leur travail et valant 11 000 $ moins cher que les candidates « sans enfants » [...]. Seulement 47 pour cent des mères de famille contre 84 pour cent des femmes sans enfants voyaient leur candidature recommandée.

Cela m'a étonnée, surtout venant d'un groupe d'étudiants qui venaient à peine de quitter les jupes de leur mère. C'est pourquoi vous devez – et c'est vital – arriver à faire comprendre à vos enfants votre implication dans votre carrière si vous ne voulez pas qu'ils viennent gonfler les statistiques ridicules d'une classe de fac dans quelques années.

Si votre chef ne voit pas à quel point vous vous impliquez, cela peut avoir un effet bien pire qu'une étude statistique. Cela peut diminuer votre assurance et vos aspirations et déboucher, au final, sur un cercle vicieux. D'après un livre sur les breaks professionnels, il y a un vrai risque pour les femmes qui viennent de réintégrer leur poste, quand :

> les employeurs et les chefs ont tendance à douter de la valeur d'une femme. Cela engendre un cycle négatif : l'assurance et l'ambition de la femme chutent ; on la perçoit comme moins motivée ; elle n'obtient plus les bons postes ou les bons projets ; et ce qui la rend encore moins ambitieuse.

Quand l'image négative du travail à temps partiel ou des horaires flexibles des femmes (ou d'ailleurs des hommes) changera-t-elle ?

Je l'ignore.

Mais ce livre traite de ce qui se passe ici et maintenant pour les femmes qui veulent gravir les échelons. Une fois qu'elles y seront parvenues, elles changeront peut-être les choses pour leurs consœurs. En attendant, les choses changeront quand les hommes s'occuperont plus de leurs enfants. Au Royaume-Uni, seulement environ 20 pour cent des pères prennent leur congé de paternité. En comparaison, 42 pour cent des femmes prennent leur congé de maternité.

Laura Tenison, la fondatrice de Jojo Maman Bébé, une marque de vêtements de grossesse, de bébé et d'enfant ne pense pas qu'il faille baisser les bras et attendre ce qui pourrait, devrait ou arrivera peut-être un jour.

❛ Si les grandes entreprises de la City essayaient de créer un meilleur équilibre entre la vie professionnelle et familiale pour ses employés, elles devraient le faire autant pour les hommes que pour les femmes. On ne peut pas être sexiste dans les deux sens. Je ne serais pas étonnée si, dans le futur, les hommes commençaient à vouloir jouer un rôle plus concret dans leur famille. C'est comme cela que les choses pourraient changer. [Mais pour] l'instant, on fonctionne sur le principe de « la personne la mieux pour le job » et si elle est prête à travailler 24 h/24 – et que c'est de surcroît un homme – pourquoi s'embêter.

Les jugements à deux vitesses sont une vraie menace. Alors qu'un homme peut être considéré comme quelqu'un de stable avec de bonnes valeurs familiales s'il met les photos de sa famille dans son bureau (le « père de famille »), si on le fait et qu'on est une femme, les gens peuvent se dire qu'on n'arrive pas à se concentrer sur son travail (une « maman »).

Vous devez, quand vous fondez une famille, montrer votre implication dans votre travail. Si vous prenez un congé de maternité, dites clairement ce que vous souhaitez faire à votre retour. Beaucoup d'employeurs pensent à tort que, quand les femmes reprennent le travail après un congé de maternité, elles veulent ralentir le rythme de leur carrière, c'est pourquoi ils leur donnent un poste sans grand intérêt.

Sheryl Sandberg, chef de l'exploitation chez Facebook, pense que le plus important quand on veut faire un break dans sa carrière, c'est de continuer à travailler le plus possible. Lors d'un discours prononcé à la London Business School, elle s'est dit étonnée de voir beaucoup de femmes lever discrètement le pied, ne pas accepter de promotion et ne pas se mettre en avant quand elles envisagent d'avoir un bébé.

Gardez le pied sur l'accélérateur jusqu'au jour de votre départ, si c'est ce que vous avez décidé de faire. C'est dur de laisser son enfant chez soi quand on doit retourner travailler. Si vous ne trouvez pas votre travail gratifiant et passionnant, si vous vous ennuyez, vous aurez envie de tout plaquer à votre retour.

Vous ne pouvez pas être une mère parfaite, une épouse parfaite, une dirigeante parfaite, une cuisinière parfaite – en même temps, tout le temps. Vous devez savoir ce que vous voulez faire et vous y tenir. Vous serez beaucoup plus heureuse si vous n'essayez pas de réussir dans tous les domaines.

Vous déciderez peut-être d'arrêter de travailler. Ou d'arrêter un certain temps.

Vous y arriverez beaucoup plus facilement si vous l'envisagez de façon positive pour pouvoir vous consacrer à autre chose, au lieu de vous dire qu'on vous a « forcée » à le faire.

Évitez d'avoir des attentes irréalistes

J'essaie de parler aux jeunes femmes au début de leur carrière, parfois même avant qu'elles trouvent un premier travail pour leur dire qu'elles devront faire des choix et qu'il est, dans le meilleur des cas, contreproductif d'essayer de « tout avoir » car c'est la porte ouverte aux pires désillusions.

J'aime l'ambition – et l'assurance, comme nous le savons, est cruciale pour réussir quand on est une femme. Mais je trouve souvent ces deux qualités chez les jeunes filles sans qu'elles soient tempérées par le réalisme. Or, pour ne pas aller au-devant de grandes déceptions, il faut avoir les trois.

Il faut absolument savoir ce qu'est la vraie vie.

Cela me fait penser à une jeune femme que je connais qui a envisagé de poursuivre ses études pour faire un doctorat. Elle en a parlé à une de ses profs qui l'a incitée à travailler très dur pour assurer ses arrières (avoir un emploi stable) car les postes sûrs devenaient de plus en plus rares. Pour qu'elle y parvienne, elle a suggéré à mon amie de décider très vite si elle voulait avoir des enfants jeune ou à un âge beaucoup plus tardif, une fois sa carrière lancée, auquel cas elle lui conseillait de faire congeler ses ovules.

À ce moment, c'est-à-dire quand elle a été confrontée à la réalité, mon amie – qui était à la fois ambitieuse et pleine d'assurance, et aurait fait une excellente prof de fac – a décidé que ce n'était pas pour elle.

Quelle belle leçon ! Si vous envisagez de mettre le pied sur l'accélérateur, demandez à quelqu'un qui est déjà passé par là ce que cela représente vraiment.

Est-ce la réalité à laquelle vous voulez vous confronter ?

Sinon, il faut changer de direction ou de vitesse.

Le Victoria and Albert Museum à Londres est un formidable endroit pour faire un cocktail, même si ce n'est pas vraiment dans mes moyens. Durant l'été 2005, j'y suis allée, pour une soirée organisée par quelqu'un d'autre, et me suis retrouvée perdue dans une marée de gens qui m'étaient pour la plupart complètement inconnus. J'ai finalement repéré un visage familier dans un groupe où se trouvait une jeune femme à la beauté sidérante. En lui parlant, j'ai été charmée par la qualité de sa conversation, sa maturité, sa conception de la vie. Diplômée de Cambridge (deux fois, une fois en lettres classiques et l'autre à la Judge Business School), Jennifer Harris était venue à Londres pour travailler dans une société de conseil en management. Après avoir réalisé qu'elle n'aimait pas travailler pour les autres, démissionné, conduit un vélo-rickshaw dans Londres pour payer son loyer pendant qu'elle réfléchissait à ses futures options et à sa vie à long terme, elle a créé sa propre entreprise.

Tout cela avant ses vingt-quatre ans.

Jennifer a été nommée Jeune Businesswoman de l'année peu après et poursuit sa brillante carrière. À l'époque, qui est pour la plupart des gens un jeune âge, elle avait compris que la vie nécessite de faire des choix – et que toutes les femmes ne choisissent pas de faire une carrière linéaire pour un même employeur.

Voici ce qu'elle disait plus récemment :

❝ Un des autres problèmes que j'ai pressenti pour moi et pour les femmes en général, c'est la nécessité de devoir jongler un jour entre ma carrière et ma famille. J'ai vu certaines de mes amies pourtant ambitieuses quitter des postes prestigieux car ils n'étaient pas compatibles avec leur vie de famille. Je suis une fervente adepte de la nécessité de briser le plafond de verre mais certaines des carrières où on pousse les femmes, comme moi à l'époque, sont pleines de défis à relever. ❞

Plus vite vous définirez vos priorités, plus vous arriverez facilement à mettre au point une stratégie.

C'est simple. Vraiment.

Soyez consciente de l'impact de la carrière de votre compagnon

Les enfants ne sont pas forcément les seuls à venir interrompre une carrière car on ne peut pas tout avoir en même temps.

Et si votre cher et tendre était aussi ambitieux que vous et se voyait proposer un poste à l'étranger ?

Debra Lam est actuellement consultante principale en politique et en développement durable chez Arup, un cabinet de consultants qui a des bureaux dans le monde entier. Elle est originaire de Pennsylvanie aux États-Unis et est actuellement basée à Londres. Debra a été l'une des « 35 femmes âgées de moins de 35 ans » du classement 2011 du magazine *Management Today* même si, depuis deux ans et demi, elle a déménagé deux fois pour la carrière de son mari. Après avoir fait ses débuts chez Arup à Londres, elle vient de passer deux ans dans sa filiale de Hong Kong. Voici ce qu'elle m'en a dit :

❝ Je suis allée à Hong Kong pour le bien de la carrière de mon mari. Heureusement Arup a pu me proposer un poste, bien qu'à l'époque je pensais être arrivée à un plateau de ma carrière, voire avoir fait un pas en arrière. À l'époque, on avait de grands projets en cours à Londres et ce n'était pas évident de tout recommencer en Asie de l'Est. Heureusement, j'ai rencontré des gens super, agrandi mes réseaux et travaillé sur des projets incroyables. Puis est arrivé le jour où j'ai dû redéménager pour retourner à Londres avec mon mari. Et on redéménagera peut-être un jour pour moi, pour lui ou pour nous deux. C'est une question de compromis. Mais j'ai toujours été très honnête avec Arup. En fait, la carrière de mon mari s'avère être un atout pour moi car elle me fait rencontrer des intellectuels, connaître un grand nombre de professeurs et m'intéresser à leurs recherches. Tout cela est très utile pour la base de données d'Arup. Je conseille donc aux couples où l'homme est autant impliqué que la femme dans sa carrière, de se parler. Cela ne marche pas toujours, mais cela n'est pas forcément bloquant. ❞

Voici encore une belle leçon. Même si le fait de suivre son mari n'était *a priori* pas positif pour sa carrière, Debra en a fait un atout pour son CV.

Quand j'ai suivi mon mari à Hong Kong en 1994, puis à Singapour et enfin au Japon, j'ai aussi eu peur de faire du surplace. Mais j'ai fait en sorte de continuer à travailler même si ce n'était pas à un poste que j'aurais voulu occuper à mon retour au Royaume-Uni, et j'ai acquis une expérience qui m'a incroyablement servie par la suite.

Ne culpabilisez pas de faire passer votre travail avant votre famille

Partons du principe que vous avez décidé de ne pas essayer de tout avoir et que vous concentrez toute votre énergie dans le domaine qui vous tient le plus à cœur. Et que vous avez aussi trouvé un arrangement avec votre compagnon pour qu'il n'y ait pas de conflits d'ambitions entre vous.

Il vous reste pourtant un écueil de taille.

Si vous avez des enfants, comment allez-vous gérer la culpabilité de faire passer votre travail avant votre famille pour réaliser vos objectifs ?

J'ai trois enfants. Ils sont tous dans des établissements scolaires différents. Ils ont tous des activités extrascolaires différentes. Ils sont tous à différents stades de leur vie. Comme je ne pouvais pas être à trois endroits différents à la fois, je le leur ai tout simplement expliqué.

Il y a des années quand je tenais la rubrique de Mrs Moneypenny, j'ai reçu une lettre d'une lectrice horrifiée de me voir passer si peu de temps avec mes enfants. Elle avait elle-même travaillé pendant la scolarité de son enfant qui continuait à toujours bien marcher puisqu'il étudiait dans une grande université. Mais il avait fait une dépression nerveuse avant de passer son diplôme de fin d'études et chez le psy, il avait dit que c'était parce que sa mère partait travailler tous les jours.

Méfiez-vous, m'avertissait-elle. Cela vous arrivera aussi.

Vraiment ?

Je ne pense pas.

Si quelqu'un a le droit de faire une dépression nerveuse chez moi, c'est moi.

On était au beau milieu de l'année scolaire, et CC n° 1, alors âgé de onze ans, devait aller au cinéma avec ma sœur. Je l'ai appelé pour lui demander où il était. Au centre commercial, m'a-t-il répondu, à deux pas du cinéma. Je lui ai aussitôt proposé de prendre mon après-midi pour aller avec eux. Il m'a demandé pourquoi. Je lui ai parlé de cette lectrice dont le fils avait fait une dépression nerveuse parce qu'elle n'avait pas passé suffisamment de temps avec lui et expliqué que, du coup, je m'en voulais d'être au travail.

« Maman, m'a-t-il lancé, si tu viens au cinéma avec moi cet après-midi, je te jure que c'est moi qui ferai une dépression. »

La culpabilité, comme le regret, est une immense perte d'énergie.

La première chose que vous devez faire, c'est vous entraîner à les neutraliser.

Vous pouvez rester éveillée jusqu'à 1 heure du matin à vous faire du mouron à l'idée que votre enfant souffrira de votre absence à la fête de l'école – ce qui veut dire que vous serez épuisée le lendemain quand vous vous réveillerez pour aller travailler. Il vaut mieux bien dormir, être en forme au bureau et faire du bon travail.

Toute votre famille bénéficiera de votre bonheur, de vos succès et de votre renommée dans votre profession. Au contraire, si vous allez au bureau fatiguée, que vous téléphonez sans cesse à vos enfants ou que vous contrôlez sans cesse ce que fait la nounou, vous finirez par être sous la pression d'un patron mécontent.

Tirer un trait sur la culpabilité est plus facile à dire qu'à faire. Il faut vous persuader et persuader votre famille du bien-fondé de tout cela. C'est comme quand on apprend à dire « non ». Si on s'habitue au fait que cela peut être désagréable, on peut mieux y arriver.

Par exemple, votre enfant déteste les piqûres. Mais vous êtes allée au travail au lieu de l'amener chez le médecin pour un vaccin de routine que sa nounou / votre mari / votre compagnon peut gérer à votre place. Assise dans le train de banlieue, vous vous sentez terriblement mal. Au lieu de rester là à vous angoisser et d'appeler chez vous toutes les trente-cinq minutes pour savoir comment va votre enfant, essayez de relire des notes ou de travailler. Comme cela, quand vous reviendrez chez vous le soir, vous aurez du temps à lui consacrer.

Reconnaissez ce sentiment désagréable pour ce qu'il est – de la culpabilité – et ensuite, souvenez-nous qu'il est hors de question que vous cédiez. Vous pouvez très bien demander à la personne qui accompagne votre enfant chez le médecin de vous envoyer un SMS pour vous dire comment cela s'est passé. Ainsi, vous irez en réunion le cœur léger.

Ne vous excusez pas pour vos choix

Enfin, la meilleure façon de gérer tranquillement des demandes conflictuelles et chronophages, c'est de faire des choix et de s'y tenir.

J'ai rencontré trop de femmes qui s'excusent d'être chez elles à s'occuper de leurs enfants en disant « je ne suis qu'une femme au foyer ».

Il n'y a pas de « ne que » qui tienne !

S'occuper de sa maison à plein temps est exigeant et épuisant – et peut aussi être très gratifiant, comme n'importe quel métier. Pourtant, les femmes éduquées se sentent parfois obligées de s'excuser d'avoir choisi de rester chez elles.

À l'opposé, j'ai rencontré une merveilleuse et énergique femme l'autre jour, l'épouse d'un client, qui était allée à l'université, avait eu un diplôme de comptabilité et mené brillamment sa carrière jusqu'au moment où elle avait arrêté pour faire trois enfants.

Elle adorait être chez elle, était consciente de la chance qu'elle avait eu d'avoir pu le faire et parlait avec beaucoup d'enthousiasme de sa vie. Contrairement à de nombreuses femmes au foyer que j'ai rencontrées, elle savait quoi répondre à l'éternelle question : « Vous ne vous ennuyez pas chez vous ? » Elle y répondait de façon positive sans jamais avoir l'air de regretter d'avoir mis sa carrière de côté.

Elle lit toujours les journaux et sait parler d'autre chose que de choix d'écoles, de maladies infantiles, etc. Elle était de très bonne compagnie tout en assumant son choix de vie et en étant très heureuse de l'avoir fait.

De la même façon les femmes qui me semblent les plus satisfaites de leur choix entre leur carrière et leur famille sont celles qui ont conscience que c'est un compromis et qui l'ont fait délibérément. Elles se satisfont de faire du surplace dans leur carrière pour être plus disponibles pour leur famille ou un domaine qui leur demande à la fois du temps et de l'implication. Elles ont fait ce choix délibérément et savent déjà quand elles referont passer leur carrière en premier.

Dans ce chapitre, j'ai tenté de vous expliquer pourquoi vous n'arrivez pas à « tout avoir » et pourquoi il vaut mieux trouver un équilibre de vie qui vous convient.

Si vous vous êtes fixé des objectifs professionnels (ou autres), vous serez immanquablement obligée de renoncer à d'autres choses. Toutes les femmes devraient pouvoir définir leurs priorités et organiser leur temps comme elles le souhaitent.

Le plus important, c'est de savoir ce qu'on veut et pourquoi on le veut pour pouvoir faire les choix qui s'imposent.

Vous ne pouvez pas, désolée de vous le redire, « tout avoir ».

DEVOIRS POUR FEMMES AMBITIEUSES

À n'importe quel stade de votre carrière

Comment définir vos priorités

Écrivez-les toutes sur une feuille de papier.

Maintenant, réécrivez-les en les classant par ordre d'importance. Si vous en avez plus de cinq, enlevez-en. Et n'oubliez pas que les deux premières vont vous prendre la majeure partie de votre temps.

Fixez-vous une date dans votre agenda pour faire le point – dans deux ans peut-être ?

Les priorités changent tout le temps.

C'est comme pour un testament (quelque chose que vous devriez faire et modifier à chaque changement dans votre vie), il faut tenir sa liste de priorités à jour.

Comment savoir si vos priorités et votre timing sont bien synchronisés ?

Prenez l'exemple d'un mois typique.

Combien de temps consacrez-vous à chaque facette de votre vie ? Pour vous aider, sachez que je passe un tiers de mon temps à dormir et 5 pour cent dans les transports en commun.

Maintenant, comparez cela à votre liste de priorités.

S'il y a un déséquilibre, réfléchissez à la façon d'y remédier.

Si vous avez l'impression de ne jamais réussir à atteindre un de vos objectifs, c'est peut-être parce qu'il ne rentre pas dans le cadre de vos priorités.

Quels sont vos buts et vos objectifs professionnels ?

Listez-les sur la gauche d'une feuille de papier et écrivez vos priorités à droite.

Sont-ils compatibles ?

Si vous avez mis comme premier objectif votre carrière, et votre famille en haut de votre liste de priorités, cela ne va pas.

Reprenez votre liste et réorganisez-la jusqu'à ce que tout concorde. (Je tiens aussi à vous faire remarquer qu'une brillante carrière a des effets positifs sur la famille, donc que ces deux notions ne sont pas forcément incompatibles à long terme. Mais pour cet exercice, il vaut mieux penser à court terme.)

Au début de votre carrière

Décidez quels sacrifices vous êtes prête à faire pour aller là où vous voulez aller.

Quel est votre plan de carrière sur 5 ans ?

Quel est votre plan de carrière sur 10 ans ?

Parlez-en aux personnes qui ont atteint le but que vous vous êtes fixé

Comment y sont-elles parvenues ?

Êtes-vous prête à faire comme elles ?

Sinon, revoyez vos objectifs.

Si vous êtes une mère active

Vous culpabilisez de travailler ?

Voici une astuce pour y remédier.

D'abord, sachez que la culpabilité des mères actives est générale-ment « malsaine » ou « inappropriée » (c'est vrai, vous n'avez rien fait de mal).

Si vous vous en voulez pour quelque chose, arrêtez de le faire et réfléchissez à ce qui suit :

- Votre culpabilité est-elle rationnelle ? Vous pensez peut-être que les mères qui ne sont pas là tous les soirs pour lire une histoire à leurs enfants vont les empêcher de se développer normalement. Cela n'a jamais été prouvé scientifiquement. Si vous avez l'impression de faire mal quelque chose, cherchez-en la preuve officielle. S'il n'existe rien de la sorte, cela devrait vous aider à arrêter de culpabiliser.

- Votre culpabilité a-t-elle une finalité « réparatrice » ? Va-t-elle vous faire changer de comportement ? Si vous grondez votre enfant parce qu'il a fait quelque chose de mal (mentir, traverser la rue seul, être méchant avec un autre enfant ou tout autre comportement qui doit être changé), vous serez contente de le voir culpabiliser car cela l'incitera à faire attention la prochaine fois. Dans ce cas, la culpabilité est « réparatrice ». Mais si vous ne pouvez pas emmener votre enfant à l'école tous les matins parce que vos horaires de bureau ne vous le permettent pas et que vous voulez rester à votre poste actuel, cela ne sert à rien de culpabiliser. Cela ne changera pas votre façon de faire car vous devrez toujours être au travail avant que l'école ouvre ses portes.

- Culpabilisez-vous pour vous ou pour vos enfants ? Font-ils la différence entre un gâteau d'anniversaire acheté ou fait maison ? Ou voulez-vous juste pouvoir dire aux autres parents que vous l'avez fait vous-même, ou vous sentir fière de l'avoir fait ? Si vous culpabilisez pour vous, cela n'en vaut vraiment pas la peine.

- Est-ce une culpabilité à court terme ? Pensez à long terme. Si vous réussissez dans votre carrière, cela bénéficiera-t-il à vos enfants à long terme ? Si oui, cela vaut la peine de ne pas toujours se sentir bien. Pensez à l'entraînement physique qu'il faut faire pour réaliser un objectif sportif, comme un marathon. On sait qu'il y aura des souffrances en chemin. Même chose pour une carrière.

Si après avoir réfléchi à toutes ces questions, vous vous sentez toujours mal, il est temps d'en parler à quelqu'un.

Demandez-lui s'il est normal que vous ressentiez cela.

Je parie que la réponse sera non.

CHAPITRE 6

... MAIS IL FAUT TOUT FAIRE

Comme toutes les femmes, vous allez certainement devoir faire tenir plus de choses dans une journée, une semaine – et même une vie – que les hommes.

Pourquoi ?

Et comment faire pour que cela ne fasse pas dérailler votre carrière ?

Ce chapitre s'adresse spécifiquement aux mères actives, mais aussi aux femmes qui s'occupent de leurs parents vieillissants, d'une résidence secondaire, d'une relation amoureuse dans laquelle elles veulent s'investir, d'une famille qu'elles veulent voir plus souvent – ou pour faire simple de tout ce qui demande de l'attention en dehors du travail. Cela vous concerne que vous travailliez, ne travailliez pas ou êtes la seule personne qui travaillez dans votre couple.

Les femmes qui font carrière doivent gérer plus de choses que les hommes. Demandez ce qu'en pense Justine Roberts qui a fait la connaissance de sa grande amie Carrie Longton lors d'un cours de préparation à l'accouchement. Plus tard, après des vacances stressantes entre « jeunes parents et néanmoins amis » avec ses jumeaux de 1 an, Justine est allée voir Carrie pour lui proposer de créer un forum où les mamans pourraient partager des informations. C'est ainsi qu'est né Mumsnet, un site Internet qui, à l'été 2011, comptait 1,5 million d'utilisateurs uniques par mois et 25 000 messages par jour – la plupart provenant de jeunes mamans britanniques. C'est maintenant un site de référence et sa popularité auprès des hommes politiques témoigne de son influence (les élections nationales de 2010 au Royaume-Uni ont été surnommées les « élections de Mumsnet »).

Justine qui a maintenant presque cinquante ans a commencé à travailler comme analyste dans une banque d'investissement avant de devenir journaliste sportive. Elle a épousé un journaliste et a quatre enfants. Quand elle a créé Mumsnet, elle l'a géré de sa chambre d'amis pendant 5 ans avant de déménager dans ses propres bureaux. Mumsnet emploie désormais trente-cinq personnes, essentiellement des mères à temps partiel. (Vous imaginez comme ces bureaux doivent être propres et bien rangés ?). Grâce à son immense base de données, Justine Roberts est régulièrement contactée pour donner son avis sur des sujets concernant la maternité. En juin 2011, voici ce qu'elle disait dans une interview à un journal :

❛ Je suis convaincue – et les enquêtes de Mumsnet le confirment – que même les mères actives prennent en charge la majeure partie des tâches ménagères […] c'est nous qui organisons encore les sorties et les fêtes d'anniversaire et qui gérons les enfants. Quand il y a un problème avec mon enfant, c'est moi que l'école appelle, pas mon mari. ❜

D'après le Bureau des Égalités gouvernementales du Royaume-Uni, les femmes sont toujours en première ligne pour s'occuper de leurs enfants et elles représentent environ 90 pour cent des parents célibataires.

Nous sommes désormais en 2012, et les femmes croulent toujours sous le poids des tâches ménagères – même dans le cas où les deux parents travaillent. Les auteurs de *Through the Labyrinth*, un livre sur les femmes dirigeantes, rappellent que les « tâches des femmes sont plus fréquentes, plus routinières et plus difficiles à éviter, et [que] ce manque de flexibilité accroît la charge qui pèse sur les femmes ».

Ne vous imaginez pas que, sous prétexte que vous gagnez de l'argent et / ou travaillez de longues heures, votre compagnon va plus s'occuper de la maison et des enfants. Aux États-Unis, les hommes font en moyenne une heure de ménage contre 1,7 heure pour les femmes et une heure de garde d'enfants contre 2,1 heures pour les femmes.

Votre mari ayant probablement lui-même un travail, il est sans doute autant pris que vous. Même s'il prend le relais quand vous n'êtes pas là, si vous êtes présents ensemble chez vous, je parie que c'est vous qui allez vous occuper du bébé et aussi probablement de faire à manger.

Je n'ai pas besoin d'enquêter pour le savoir, je suis mariée depuis des années…

Il y a, à mon avis, trois raisons pour lesquelles les femmes continuent de prendre en charge la majorité des tâches ménagères et la gestion des enfants – même quand les deux parents travaillent, ou quand c'est seulement la mère.

La première raison, c'est que nous arrivons parfaitement à gérer plusieurs tâches à la fois – et, à mon avis, bien mieux que les hommes. (Mais mon point de vue n'est corroboré par aucune recherche. Il y a au contraire un ensemble de travaux qui disent qu'être multitâches peut nuire à la performance.)

Les deuxième et troisième raisons résultent directement d'un conditionnement social : 1) les hommes s'attendent à ce que les femmes fassent tout et 2) pire encore, les femmes s'attendent à tout faire elles-mêmes.

La force du conditionnement social

Ce livre traite de ce qui se passe ici et maintenant, pas de ce qui devrait être dans le meilleur des mondes. Les hommes ont été élevés, dans l'ensemble, dans l'idée que les femmes font les choses pour eux.

Auraient-ils dû être élevés différemment ?

Bien sûr.

Les femmes qui ont des garçons doivent réfléchir à la façon dont elles les éduquent pour éviter cela.

DeAnne Julius est une blonde intelligente dont la carrière l'a menée de la CIA au service des taux d'intérêt de la Banque d'Angleterre, et bien au-delà encore. Bien qu'elle ait dépassé la soixantaine, elle siège dans plusieurs conseils d'administration et continue à avoir une vie professionnelle très active.

On m'a un jour demandé de parler à un groupe de femmes d'une grande banque qui se réunissait tous les trimestres. Comme DeAnne devait intervenir à l'une de ces réunions, j'ai décidé d'y aller pour voir comment cela se passait, écouter les questions qu'on lui poserait, etc. Elle a fait une présentation PowerPoint qui n'a fait que confirmer ce que je savais déjà : à savoir qu'elle avait fait sa brillante carrière en ayant des objectifs clairs, en se construisant un réseau pointu et en ayant une bonne connaissance de la finance – autant de points que je préconise dans ce livre.

Mais le dernier slide m'a fait sursauter et m'a captivée.

« Élevez-vous vos enfants sur le principe de l'égalité des chances ? demandait-il. Ou faites-vous, sous prétexte que vous êtes une femme, encore tout pour tout le monde bien que vous travailliez ? »

J'ai soudain réalisé que je devais plaider coupable.

Je n'ai jamais fait régner l'égalité des chances chez moi. Depuis la naissance de mes trois garçons, je les ai gardés du mieux que j'ai pu, couru après eux, ramassé leurs jouets, rangé leur chambre, rempli leurs assiettes, etc. Ils sont partis tous les trois dans un pensionnat à un âge relativement jeune où, tous les soirs, on leur prenait leur chemise, leurs chaussettes et leur pantalon et... bingo ! Tous les matins, ils trouvaient une nouvelle tenue propre au pied de leur lit comme si elle avait été déposée par une bonne fée.

J'étais clouée sur place par ce que DeAnne disait.

« N'oubliez pas, a-t-elle lancé, à quel point on peut être surprise de voir tout ce qu'un enfant de six ans peut faire dans une maison. » Apparemment ses enfants à elle ont tous un rôle précis : celui qui prépare les repas ne débarrasse pas la table et ne fait pas la vaisselle. Une fois rentrée chez moi, j'ai demandé à mes Coûts de Cœur de vider le lave-vaisselle.

Bien sûr, c'était un peu trop tard – et je m'excuse d'avance auprès des trois femmes qu'ils épouseront un jour. Si vous avez des fils et si vous voulez un monde différent pour vos filles (et ceux des autres familles), pensez-y. Même si vous n'avez que des filles, votre comportement avec votre mari continuera de transmettre, de génération en génération, l'idée que ce sont les femmes qui font tout.

Mais ce n'est pas un livre sur l'éducation des enfants – c'est un livre pour les femmes qui veulent accéder à un poste de haut niveau.

Soyez prête à supporter les jugements et les comportements à deux vitesses

J'ai récemment parlé avec une femme qui approchait de la quarantaine – cadre supérieure, mariée, deux enfants. Appelons-la Stéphanie. Voici ce qu'elle m'a dit :

❛ Je ne suis pas traitée comme un homme au travail. Après deux nuits passées au bureau jusqu'à trois ou quatre heures du matin, j'ai demandé si je pouvais partir car j'avais l'impression de ne plus être d'aucune utilité. Mon chef m'a répondu : « Oui, vous devriez rentrer voir vos enfants. » Mes collègues masculins ont aussi des enfants mais il ne leur aurait jamais dit cela. 🟦

C'est, de mon point de vue, le summum du jugement à deux vitesses.

Il m'est arrivé la même chose environ six mois après mon mariage. Tout le monde travaillait tard sur une importante offre publique, et quelqu'un m'a demandé – et seulement à moi – si je devais rentrer chez moi pour mon mari.

Qui, m'a-t-il demandé, prépare le dîner ?

J'ai enlevé mon alliance ce soir-là et ne l'ai jamais remise depuis (sauf, bien sûr, quand ma belle-mère vient nous voir d'Australie).

Un journaliste a demandé à Miriam Gonzalez Durantez, femme du vice-Premier ministre du Royaume-Uni, comment elle arrivait à gérer son travail et ses trois enfants – surtout avec un mari à un poste si important. Elle lui a très justement fait remarquer que sa question impliquait que c'était à elle, et pas à lui, de tout gérer.

🟦 Personne ne lui demanderait comment il gère cela. Pour une raison ou une autre, votre question sous-entend que c'est à moi de le faire. 🟦

Pourquoi personne n'a demandé à son mari comment il s'y prenait ?

Après tout, il avait trois enfants et une femme à un poste important.

Les choses n'ayant pas l'air de vouloir bouger – au moins pour la génération actuelle – il vaut mieux continuer à tout faire, et s'y préparer.

La réalité des hommes au foyer

Les hommes au foyer vont devenir la norme dans l'avenir, surtout ceux des femmes qui ont l'intention de faire une brillante carrière.

En 2010, Monsieur M. a décidé d'arrêter de vendre du vin à plein temps et s'est occupé des enfants pendant qu'il suivait une formation pour devenir entraîneur de cricket. Nous n'avions plus de femme de ménage depuis le début de la crise et n'avions pas remplacé la jeune fille au pair. Étant assez inquiète de cette nouvelle organisation, j'en ai parlé dans ma rubrique.

Cela allait-il marcher ?

J'ai reçu un torrent de lettres de mes lectrices me racontant comment elles avaient fait face à de tels changements chez elles. Dans l'une d'elles, une femme que j'appellerais Liz me livrait d'un ton à la fois éloquent et drôle son histoire.

Elle m'expliquait que, quand son mari avait été licencié en 2007, deux ans avant la date présumée de son départ à la retraite, elle a pris un travail à plein temps en dépit du fait qu'elle n'en avait pas eu depuis des années. Elle était beaucoup plus jeune que son mari et savait qu'elle avait encore vingt ans, voire plus, d'activité professionnelle devant elle.

Son mari a accepté de rester chez eux pour s'occuper de la maison et des enfants qui étaient tous grands. La maisonnée ne se composant donc essentiellement que d'un animal domestique, Liz s'est dit que c'était le bon moment pour essayer d'inverser les rôles. Elle a ensuite distribué les tâches. Son mari a accepté de :

▪ nettoyer le réfrigérateur (et apprendre à savoir quand le faire)
▪ laver et étendre le linge de façon à limiter au maximum le repassage

- nettoyer la maison la semaine pour faire disparaître la poussière et le bazar (sauf dans la chambre des enfants)
- sortir le chien une fois par jour
- faire les courses de base
- faire la cuisine (apparemment, cela ne lui demandait pas beaucoup d'efforts)
- lire et répondre à toutes les sollicitations de l'école
- vérifier si les devoirs étaient faits
- vérifier si les enfants allaient à leurs rendez-vous médicaux (même si Liz était toujours responsable pour prendre et, si nécessaire, reprendre ces rendez-vous)
- jardiner de temps en temps.

Pendant ce temps, Liz se chargeait de :

- faire les vitres
- repasser
- laver les vêtements en soie et en laine (elle s'est octroyé cette tâche après avoir perdu un twinset en cashmere)
- acheter les vêtements et les chaussures des enfants (ses filles approchant de la vingtaine, elle pensait devoir superviser leurs achats)
- s'occuper de tous les papiers officiels (par exemple les renouvellements de passeport, les impôts, les inscriptions à la médiathèque)
- entretenir la voiture.

Liz a ensuite écrit la liste des tâches allouées à chacun – pour ne pas avoir à le redire à chaque fois – et me l'a jointe à son courriel.

Cela m'a passionnée.

Mais quand on lit ces deux listes, on se rend compte que, bien qu'elle soit retournée travailler, Liz avait encore de nombreuses responsabilités. Elle faisait, en effet, absolument tout – dont la gestion du personnel (sa famille).

Comment y arrivait-elle ?

Voici sa réponse :

J'ai suivi le conseil de ma sœur « Si tu ne peux pas te payer une femme de ménage, assume-le ! » et d'un psy « C'est comme si vous conduisiez sur du verglas. Si vous vous plaignez, cela revient à appuyer sur l'accélérateur ou la pédale de frein sur une route gelée… cela n'aura pas le résultat escompté. »

Liz a essayé de m'expliquer ce qu'elle pensait du fait qu'elle « faisait tout » : « Dans ma tête, je rêve de calme, de paix, de temps libre mais dans la vie, je continue. » Elle se sent bien sûr parfois dépassée – surtout quand elle réalise qu'elle est la seule personne qui protège sa famille de la pauvreté – mais elle dit que, quand elle arrive à son bureau et se souvient à quel point elle aime travailler, elle se sent mieux : « J'aime mon travail, et c'est beaucoup mieux que toutes les choses à temps partiel que je faisais avant. »

Liz doit aussi supporter de voir les choses faites autrement que si elle s'en occupait elle-même. « Vous remarquez des enfants mal fagotés dans la rue, et soudain vous reconnaissez votre propre fils. »

Liz est un bon exemple de ce que le livre *Spousonomics*[13] suggère – à savoir, une approche comparative et modulée de la répartition des tâches ménagères en prenant en compte l'efficacité de chacun et non une division à 50/50. Elle a aussi visiblement appris le secret de la sous-traitance – ne pas s'attendre à ce que les choses soient faites comme on le voudrait. Au lieu de cela, elle a appris à vivre avec des choses faites autrement que si elle s'en était chargée elle-même.

---

13. De Paula Szuchman et Jenny Anderson. Littéralement : *La Théorie économique du mariage.*

Nous avons toutes nos limites. C'est pourquoi nous devons nous arranger, quand nous déléguons des tâches, pour que la personne en charge les connaisse. Par exemple, je peux vivre avec un lit défait, le panier à linge sale plein ou sans rendez-vous de vidange pour la voiture. Mais Monsieur M. sait que si, quand je rentre à la maison en fin de semaine, je trouve le courrier intact, je perds complètement mon sens de l'humour.

Ann Moore, ancienne P-DG de Time Inc., est mariée depuis de nombreuses années et a un fils. Bien qu'elle gère volontiers ses obligations professionnelles et familiales, elle conseille de « trouver son propre équilibre et d'être heureuse ».

Sur le sujet du partage des tâches ménagères, Ann raconte à quel point la conception des courses de « première nécessité » n'était pas la même pour son mari et elle. Quand Ann a eu un bébé en 1984, elle faisait la liste avec son mari des choses importantes à faire acheter par la gouvernante. « La liste de mon mari ne correspondait jamais à la mienne, même à un article près. » Sa liste incluait des produits indispensables comme les couches, les œufs, le lait, le papier toilette alors que son mari avait mis des noix de macadamia et du jus de raisin dans son top five. « Il faut faire avec, dit Ann. Il y a des différences. C'est comme cela. »

De la même façon, votre nourrice ne va pas se comporter exactement comme vous le feriez avec vos enfants. Votre mari ne va pas nécessairement nettoyer le frigo ou changer les draps des lits. Si vous devez sous-traiter tout cela, surtout si votre mari est homme au foyer, vous devez apprendre à y attacher moins d'importance.

Certaines des femmes qui m'écrivent pensent que le concept d'homme au foyer finira dans les larmes. Voici ce qu'en dit l'une d'elles que j'appellerais Catherine.

Votre rubrique de cette semaine m'a inquiétée. Vous dites que Monsieur M., qui vient de prendre sa retraite, va pouvoir remplacer « l'armée de nourrices et de baby-sitters » que vous avez employée jusqu'à présent. Loin de moi l'idée de critiquer ce qui paraît à première vue comme une décision à la fois intelligente d'un point de vue économique et satisfaisante d'un point de vue personnel, mais permettez-moi de vous mettre en garde.

Il y a quelques années, mon ancien mari et moi-même avons pris gaiement le même chemin, avec seulement deux Coûts de Cœur. Vous vous rendrez probablement compte que, outre toutes les informations qu'on vous donne à la rentrée comme les dates de réunions et d'examens, d'autres détails comme la coupe des ongles ou le brossage des dents passeront sporadiquement aux oubliettes si vous (ou une jeune fille au pair) ne vous en occupez pas.

Elle poursuit ainsi :

En plus, les sujets de conversation se réduisent. Je sais que vous avez travaillé dans une banque d'investissement et pilotez un avion et que vous avez sans doute des tas d'anecdotes à raconter le soir à table. Mais vous trouverez sans doute moins exaltant d'apprendre que l'événement marquant de la journée de Monsieur M. a été de se faire emprunter par erreur son Caddie au supermarché ou de s'apercevoir que le loueur de vidéos avait fermé plus tôt.

Vous l'encouragerez donc peut-être à faire du golf ou un autre sport, mais n'oubliez pas que cela ne fera que diminuer sa capacité à accomplir des tâches plus importantes comme faire les allers et retours entre l'école et les activités des jeunes CC, etc., et que cela l'empêchera certainement de faire les choses en détail.

Il n'y a simplement aucun moyen (non médical) d'éviter d'être frustrée de voir que si peu de choses ont été faites pendant qu'on travaillait ou d'être jalouse de le voir détendu et absolument pas stressé par ce qui reste à faire. Je vous recommande fortement de le renvoyer au travail ou de continuer à employer une armée de gens.

Vous avez sans doute remarqué l'emploi du mot « ancien » : Catherine paie en effet désormais une importante pension alimentaire.

Pourtant il y a plein de femmes qui *doivent* faire en sorte que cela marche.

Angela Braly, présidente et P-DG de Well-Point Inc., mariée, trois enfants, rend souvent louange à son mari qui reste à la maison pour élever leurs enfants pendant qu'elle vogue de succès en succès. « Je suis très contente du choix qu'il a fait – et il y excelle. » Elle souligne que la plupart des gens s'étonnent de voir le père rester à la maison à la place de la mère et doutent – comme ma lectrice Catherine – que cela marche. Angela explique que, pour elle, « c'est fabuleux, cela marche vraiment bien ».

Angela n'est pas la seule dans ce cas – il y en a beaucoup d'autres.

Le mari de la présidente du groupe Pepsi, Indra Nooyi, a quitté son travail à plein temps pour devenir consultant et avoir des horaires plus flexibles afin de pouvoir aider sa femme.

Quand Angela Ahrendts, la chef de direction de Burberry's, a dû quitter les États-Unis pour venir s'installer à Londres, son mari Gregg (qu'elle avait rencontré à l'école élémentaire – j'adore cette histoire) a fermé sa fructueuse entreprise de construction pour aller s'occuper de sa famille en Angleterre. Fort de son expérience, il a rénové la grande maison de style néo-georgien qu'ils ont achetée à la campagne à l'ouest de Londres.

Patricia Woerz, P-DG d'Archer Daniels Midland, remercie son ex-mari, un consultant en logistique, de s'être sacrifié pour lui permettre de grimper les échelons. « Est arrivé un moment où on s'est dit : 'Il va falloir donner la priorité à la carrière de l'un ou de l'autre'. » Ils ont choisi la sienne.

C'est aussi ce qu'Helena Morissey, P-DG de Newton Investment Management, et son mari ont décidé de faire. Le mari d'Helena, un journaliste, est homme au foyer même s'ils ont aussi une nourrice. Voici ce qu'Helena en dit : « On peut être choqué de voir l'homme rester à la maison, mais à mon avis c'est l'une des façons de débloquer les choses pour les femmes. » Elle incite les femmes à parler avec leur mari pour décider lequel des deux devrait renoncer ou mettre un frein à sa carrière pour s'occuper des enfants.

Je suis totalement d'accord avec elle.

Il n'y a aucune raison pour que ce soient les femmes qui renoncent à leur carrière. Vous devriez avoir une grande et vraie discussion à ce sujet avec votre mari ou votre compagnon pour savoir lequel de vous deux subviendra le mieux aux besoins de votre famille sur le long terme.

Il y aura inévitablement des heurts dans un couple femme active / homme au foyer qu'il n'y aura pas forcément dans un couple traditionnel. Un homme au foyer va sans doute être épuisé et avoir envie de déléguer à sa compagne la gestion de la maison et des enfants à la minute où commencera le week-end. (Et revoilà la fameuse notion de jugement à deux vitesses.)

Pouvez-vous imaginer une femme au foyer demandant, en début de week-end, à son mari qui travaille dur la semaine de tout prendre en charge – les enfants, la cuisine, la totale – jusqu'au lundi ?

Bien sûr que non.

En fait, il joue souvent au golf le week-end – et s'occupe probablement très peu des enfants car il a besoin de se reposer après une semaine de dur labeur au bureau, de déplacements à l'étranger, etc. Mais dans la situation inverse, quand maman est le gagne-pain de la famille et rentre chez elle épuisée le vendredi soir, elle doit souvent prendre le relais de son mari pour qu'il se repose.

Stéphanie dont j'ai parlé plus tôt gagne le seul revenu du couple et son mari reste à la maison pour s'occuper des enfants.

Comment cela marche-t-il ?

❝ Le secret, c'est de se fixer des priorités. Quand on a des enfants, on tergiverse moins. Mais je suis celle qui reste debout jusqu'à 1 heure du matin pour faire un gâteau ou recoudre un jean – parce que je me sens obligée de le faire même si mon mari est homme au foyer. ❞

Notez l'expression « je me sens obligée ». Elle n'a vraiment pas sa place dans le vocabulaire d'une femme active. « Je me sens obligée » veut dire qu'on essaie de vivre sa vie conformément aux attentes des autres, pas des siennes.

Stéphanie explique que :

❝ Contrairement à mes collègues masculins, je me sens responsable de certaines choses en dehors du travail. Le vendredi, je ressens le besoin de retirer mon uniforme professionnel pour revêtir mes habits de maman. Le week-end, je prends complètement le relais de mon mari – c'est le deal. Il faut savoir bien cloisonner chaque partie de sa vie. C'est ce que je veux faire – pour moi, faire un break, c'est passer du temps avec mes enfants. La communication entre nous est la clé de tout – et respecter les frontières, respecter ses engagements. ❞

Elle poursuit en racontant que beaucoup lui reprochent de travailler alors que son mari reste à la maison. À mon avis, ce sont les critiques de ce genre qui empêchent de nombreux couples de suivre cet exemple.

Peut-être que Stéphanie a raison et que pour elle, « faire un break », c'est s'occuper de ses enfants. Mais j'ai plutôt tendance à penser qu'elle en fait trop.

Résistez à la pression des « supermamans »

Je pense en partie que le vrai problème, c'est la pression que certaines femmes et les médias exercent sur les autres femmes, qu'elles travaillent ou pas, pour qu'elles soient des « supermamans ».

Je me rappellerai toujours le jour où une de mes collègues a envoyé un courriel à tout le bureau avec une super recette de gâteau au chocolat qui se faisait en quelques minutes. « Je l'ai fait hier soir entre le coucher de mon Coût de Cœur, la préparation du dîner pour mes beaux-parents, les valises pour les vacances et un peu de travail ! »

Elle voulait juste nous aider à gagner du temps alors que moi, je me disais que *a*) elle allait finir par s'épuiser si elle continuait comme cela et *b*) au lieu de nous envoyer un courriel, elle aurait mieux fait de dormir !

C'est historique : les femmes passent désormais plus de temps avec leurs enfants qu'à l'époque de leurs grands-mères – et ce, même si elles travaillent. Il y a une énorme pression pour être avec ses enfants – née peut-être de l'influence des médias et de tous ces blogs de mamans sur Internet – mais les femmes qui travaillaient en 2000 passaient autant de temps avec leurs enfants que les mères au foyer en 1975.

De plus, la pression concernant l'éducation des enfants est encore plus intense entre les mères qui ont les plus belles perspectives de carrière. Comme les femmes éduquées ont tendance à être particulièrement critiques sur leurs propres méthodes d'éducation, elles passent plus de temps avec leurs enfants que les femmes n'ayant pas fait beaucoup d'études.

Découvrez les avantages de la sous-traitance

Alors comment réussir à être multitâches ?

C'est simple, il faut apprendre à déléguer.

La sous-traitance est clairement la clé d'une carrière réussie.

La baronne Virginia Bottomley, actuellement présidente du conseil du cabinet de chasseurs de têtes Odgers Berndtson, a fait un discours lors du lancement d'une étude sur la diversité homme-femme début 2011. « Si vous voulez un poste à haute responsabilité, vous devez avoir une aide équivalente. Si vous voulez tout avoir, investissez dans l'aide à domicile. »

Donc ici pas question de gâteau ou de couture à 1 heure du matin. Achetez le gâteau et soyez fière de pouvoir vous le permettre. Et confiez le jean aux bons soins d'une couturière.

Assumez vos choix ! Terrassez votre culpabilité !

Quand on a vraiment réussi dans la vie, on peut demander à son intendante de faire les gâteaux.

Vos enfants iront-ils voir un psy dans vingt ans pour se plaindre que leur maman ne les faisait jamais elle-même ?

J'en doute.

Jenny Knott, P-DG de Standard Bank, était l'intervenante vedette du lancement auquel participait Virginia Bottomley. L'assistance était variée mais la plupart des choses qu'elle a dites concernait son expérience de femme, et ses conseils s'adressaient donc aux femmes présentes dans la salle : « Vous devez apprendre à déléguer et ne pas avoir honte de ne pas pouvoir tout faire. Vous ne pouvez tout simplement pas être des superwomen. »

Mon avis sur la sous-traitance ne plaît pas à tout le monde. Je me souviens parfaitement d'une femme présente à l'un de mes événements qui m'a dit qu'elle préférait arrêter de travailler plutôt que d'obliger une autre femme à faire la servante chez elle – c'était cela, le progrès pour les femmes ?

D'abord, nous devrions toutes être fières du travail que nous faisons – que ce soit faire le ménage ou diriger une société – c'est pourquoi je ne pense pas que payer quelqu'un décemment pour s'occuper des tâches ménagères est une forme d'esclavage. Ce quelqu'un peut d'ailleurs s'avérer être un homme – qui sait !

Ce livre doit vous aider à progresser, vous, pas le genre féminin – mais si, après avoir lu mon livre, on voit plus de femmes atteindre les sommets, il aura servi une plus large cause. Si vous avez un travail à grande responsabilité et bien payé, vous avez probablement créé plusieurs postes en en confiant beaucoup à des femmes, ce qui est une bonne chose. La femme de ménage que vous employez utilisera peut-être votre argent pour payer des études à ses enfants. J'ai moi-même doublé la taille de mon entreprise ainsi que le nombre de femmes que j'emploie (car ce sont presque toutes des femmes), et je sous-traite toutes sortes de tâches ménagères.

Tout cela a créé des emplois, directs ou indirects, pour d'autres femmes.

Trouvez l'organisation enfants / maison qui vous convient

Les auteurs de *Backwards in High Heels* préviennent que : « laisser son enfant à une étrangère est une expérience très particulière » et que beaucoup de mères ne sont pas en mesure émotionnelle-ment de maîtriser « l'étrange relation » entre une mère et une nourrice.

« L'incapacité de beaucoup de femmes à résoudre l'équation travail / nourrice peut jouer un rôle dans leur décision de s'arrêter de travailler : elles peuvent ressentir le besoin de renforcer leur autorité de mère. »

En octobre 2010, l'Huran Report[14] publiait la liste des vingt self-made women milliardaires. Chose intéressante, onze d'entre elles étaient chinoises. Même si on peut imputer une partie de ce succès à la croissance économique, la plus grande part, comme relevé dans le *Financial Times*, est le fruit de l'ambition des Chinoises. D'après une étude pour le Center for Work-Live Policy[15] de New York, 76 pour cent des Chinoises aspirent à un poste important contre 52 pour cent des Américaines. D'après cette étude, les femmes de Chine et d'autres pays émergents « sont capables de viser haut, en partie parce qu'elles ont plus de relais pour garder leurs enfants que leurs homologues européennes et américaines ». Dans ces pays, la garde d'enfant est à la fois bon marché et bien acceptée, ce qui permet aux femmes de sous-traiter les tâches ménagères et familiales.

Au fil des ans, j'ai eu la chance d'avoir quelques nourrices excellentes qui sont restées longtemps avec moi. Je comprends que certaines personnes ne supportent pas l'idée de confier leurs enfants à quelqu'un – que ce soit à une nourrice, à une crèche, à l'école, à la garderie ou autre – mais je crois fermement que c'est beaucoup mieux pour les enfants que d'avoir des parents stressés.

Vous culpabilisez de laisser votre enfant à la crèche ou d'embaucher une nourrice ?

La culpabilité n'a pas sa place dans la vie d'une femme ambitieuse (voir chapitre 5).

Comme une nourrice vraiment efficace m'a permis d'être à mon tour très efficace, j'ai mis en place un système incitatif de rémunération – la nourrice recevait une prime tous les six mois qui augmentait à chaque fois (une sorte d'augmentation rétroactive). Quand

---

14. Site d'informations indépendant pour les investisseurs et les acheteurs immobiliers.
15. Centre de conciliation travail-vie.

une nouvelle nounou arrivait, je lui écrivais ce qui était vraiment important pour moi pour que les choses soient claires entre nous. Je lui disais aussi clairement (au lieu de faire une longue liste de règles de base) que je ne la chapeauterai pas.

Autrement dit, je réfléchissais autant à la paie et au plan de carrière de ma nounou qu'à ceux de mes employés. Catherine May, directrice du groupe des affaires générales de Centrica, gère sa vie personnelle comme moi :

❛ Beaucoup de femmes se plaignent que les femmes de ménage oublient des détails importants – comme aspirer sous les canapés – mais les gens semblent avoir du mal à donner des consignes claires à leurs employés de maison. Curieusement, ils n'ont aucun scrupule à le faire au bureau, dans le cadre de leur travail. Je pense que les employés de maison devraient avoir des entretiens et des augmentations de salaire annuels et être traités comme des professionnels, c'est-à-dire comme des collègues de bureau. ❜

J'aime que mes draps soient repassés (principalement parce qu'ils ont un nombre de fils élevés) alors que le reste de la maisonnée s'en moque. Monsieur M. – comme les nourrices et les femmes de ménage avant lui – n'a pas vraiment apprécié de devoir repasser les draps, alors il les a amenés au pressing. Le pressing a réussi à casser et même à découdre les boutons de ma housse de couette, mais au moins il prenait en charge le ramassage et la livraison et il me rendait mes draps repassés.

L'achat de nourriture peut être sous-traité en ligne. Ce n'est pas toujours parfait, surtout s'ils n'ont pas tous les produits en stock et font d'étranges substitutions (non, je ne veux pas de pain multi-grains bio gavé de fibres à la place du pain blanc que j'ai commandé – je ne dirige pas une communauté de yoga tantrique), mais au moins je n'ai pas besoin de passer plusieurs heures par semaine à faire des courses.

On peut aussi sous-traiter l'emploi du temps familial et les tâches ménagères. Pour un abonnement annuel, des services de conciergerie comme myconcierge.fr peuvent s'occuper de vos réservations de dîners, réparations en tout genre et cadeaux de Noël.

Vos beaux-parents viennent en ville et vous n'avez pas le temps de réserver un restaurant ?

Envoyez un courriel au service de conciergerie, ils vous feront cela tout de suite.

Maintenant, faites la liste de tout ce que vous devez faire dans votre vie sur une base régulière – y a-t-il quelqu'un qui pourrait le faire pour vous ?

Une des meilleures choses que j'ai faites, cela a été de m'inscrire à un service de taxis en 1998. Si un de mes enfants est bloqué quelque part, si je dois aller à la gare de toute urgence ou si j'ai perdu mes clés et que j'ai besoin qu'on m'amène mon autre trousseau, j'ai la solution.

Organisez-vous et utilisez bien votre temps

Quand j'ai reçu mon diplôme honorifique à l'université de Londres-Est, mon *alter ego* ce jour-là était le fondateur d'une grande entreprise de cartes de vœux, un homme de soixante-dix ans qui avait obtenu richesse et succès en partant de rien.

Dans son discours, il a dit au millier de jeunes diplômés présents ce jour-là : « Il y a vingt-quatre heures par jour. Utilisez-les. »

Pour lui, un homme avait besoin de six heures de sommeil par jour, une femme de sept et un enfant de huit.

Dormir plus, c'était perdre son temps.

Je suis d'accord sur le fait que chaque heure de la journée doit être utilisée. Rien ne m'agace plus que d'avoir l'impression de perdre mon temps. Résultat, je vais rarement aux toilettes sans prendre un document à lire avec moi. Les sièges des toilettes peuvent être très confortables et les cabines très silencieuses – alors, quand vous devez satisfaire un besoin naturel, profitez d'être loin de l'ambiance effervescente de l'open space pour lire. Je vous le recommande fortement.

Je suis toujours à l'affût des astuces qui permettent de gagner du temps. On me demande souvent comment j'arrive à tout gérer – mon entreprise, l'écriture, les cours, les œuvres de charité, mes trois Coûts de Cœur. En fait, ce n'est pas tant que cela. Si vous ajoutez un mari australien qui n'arrive vraiment pas à comprendre pourquoi il faut mettre un chapeau pour aller à la course hippique de Royal Ascort (« J'ai l'air d'un croque-mort – à quoi les Anglais ont-ils l'impression de jouer ? J'aurais pu m'acheter un nouveau club de golf pour le prix de ce chapeau ! »), je suppose qu'en effet, cela paraît difficile à gérer.

Mon meilleur conseil pour les femmes qui travaillent, c'est de regarder comment les autres gagnent du temps.

Je serai toujours reconnaissante à la personne (elle aussi, mère active) qui m'a montré qu'en appuyant sur la lettre « t » d'un BlackBerry, on allait directement en haut de la liste de courriels ou, si on était en train d'en lire un, directement en haut de celui-là.

À moi, maintenant, de vous donner deux de mes meilleures astuces pour gagner du temps si, comme moi, vous essayez de gérer plusieurs tâches à la fois encore plus vite qu'un ordinateur.

■ Premièrement, emmenez votre ordinateur portable chez votre coiffeur, surtout si vous vous faites une couleur. Ce qui est merveilleux, avec les coiffeurs, c'est qu'ils ont des prises de courant au pied de chaque fauteuil. Bien sûr, c'est un conseil de crise – quand la récession se terminera, j'appliquerai la meilleure astuce « gain de temps » pour mes cheveux : faire venir une coiffeuse à mon bureau. Ce conseil marche aussi pour les manucures et autres soins de beauté.

- Deuxièmement : prenez des taxis de temps en temps au lieu de *a*) le métro ou *b*) votre propre voiture. Cela permet de passer les trois coups de fil qu'on n'aurait pas le temps de passer autrement. Mes enfants, mes parents, le coup de fil de travail qui n'est pas indispensable mais qui peut faire du bien à ma réputation – tels sont ceux qui bénéficient du fait que je ne suis pas sous terre ou au volant. Bien sûr, cela coûte de l'argent, mais les bénéfices sont inestimables.

Quand la crise se terminera, pensez à prendre un chauffeur. Peu de sociétés peuvent se permettre d'employer des chauffeurs à plein temps, mais les chauffeurs coûtent moins cher qu'on ne le croie. La dépense est justifiée dès lors qu'on doit aller à deux soirées en même temps : pas la peine de prendre un vestiaire, on laisse son sac dans sa voiture (ainsi qu'une réserve de cartes de visite professionnelles et de collants de rechange) et on peut généreusement proposer à quelqu'un de le ramener chez lui plutôt que de prendre un taxi.

Diane Benussi, une avocate spécialisée dans le divorce basée à Birmingham, est d'accord avec moi :

❛ Prenez un chauffeur – vous n'aurez pas à vous soucier de votre voiture et pourrez aller d'une réunion à l'autre sans avoir le stress de la conduire et de la garer. Si vous payez votre chauffeur à l'heure, c'est rentable car vous pouvez travailler plus longtemps dans la voiture et gagner plus que ce que vous coûte votre chauffeur. ❜

La gestion du temps est un sujet souvent traité dans la littérature universitaire et professionnelle et il y a plein de cours sur le sujet. Mais la gestion du temps pour les femmes est une vraie gageure car nous gérons des tas de choses différentes, et pas seulement une boîte de réception de courriels surchargée au travail.

Le livre de Ruth Klein sur la gestion du temps pour les femmes fait une longue liste de suggestions, comme d'avoir un planning ultra détaillé. J'en ai un – un agenda sur lequel je note mes obligations personnelles (rendez-vous chez l'orthodontiste, sorties les week-ends, examens scolaires, quand faire le traitement antipuces du chien, etc.) ainsi que mes déplacements et mes soirées que mon assistante, Super Olivia, m'envoie par courriel tous les jours.

Apprenez à « intégrer ou étouffer »

Ruth Klein fait une autre suggestion que j'aime beaucoup, une suggestion que j'applique depuis des années sans vraiment le savoir.

C'est ce qu'elle appelle « intégrer ou étouffer ». Elle fait la liste des astuces permettant de gérer à la fois ses contraintes familiales et professionnelles ou domestiques. Ces astuces sont très bonnes, mais à mon avis, pour vraiment y arriver il vaut mieux se forger un état d'esprit adéquat.

Par exemple, si je dois me déplacer pour mon travail pendant les vacances scolaires, puis-je emmener avec moi un ou plusieurs de mes enfants ou même mon mari ?

On me demande souvent d'assister à des événements importants pour moi, en présence d'un « accompagnant ». Actuellement, cela peut aussi bien être CC n° 1 ou CC n° 2 que monsieur M. Ils sont ainsi allés voir de la danse classique, de l'opéra et du théâtre – tout en m'aidant dans ma carrière.

J'ai parlé à la célèbre fête du livre de Hay-on-Wye au Pays de Galles en 2010 et en 2011 et, chaque fois, un Coût de Cœur est venu avec moi. En 2011, en arrivant à Hay avec CC n° 3, j'ai réalisé que j'avais oublié de prendre ses livres d'école alors qu'il avait des évaluations la semaine suivante. Ça ne l'a pas chagriné plus que cela – et d'ailleurs, comme il me l'a fait remarquer, on apprenait beaucoup de choses à la fête du livre de Hay.

Pour commencer, affaires courantes : une séance durant laquelle un panel de gens faisait une revue de presse. CC n° 3 veut devenir militaire et a donc été relativement attentif quand le groupe a parlé d'un article émouvant écrit par un correspondant sportif de *The Independent* sur la mort de son fils en Afghanistan.

Deuxième leçon, technologie : j'avais une session questions / réponses en ligne avec des gens qui ne pouvaient pas venir me voir à Hay.

Ensuite, mathématiques : il a dû calculer la monnaie qu'il devait récupérer sur un billet de dix livres pour un chocolat chaud – et sciences économiques quand on s'est aperçus qu'on m'avait alloué un auditorium de 430 sièges au lieu de la salle de 100 sièges prévue initialement.

Après ma conférence, nous sommes allés écouter Jonathan Stroud (CC n° 3 est un fan de la trilogie de Bartimaéus) qui a donné un cours d'écriture, d'art et de typographie. Puis nous avons eu un cours de sciences sur les vers de terre, le sol et les plantes avant de finir avec un cours de théâtre, de musique et d'histoire en écoutant une lecture poignante de *Cheval de Guerre*.

J'avais remplacé l'école. C'est cela, « intégrer ou étouffer ».

N'hésitez pas à vous mettre en pause et à appeler les renforts

Voici enfin deux suggestions pour arriver à tout faire mentionnées aussi par Ruth Klein.

Gardez de l'énergie pour pouvoir faire face à toutes vos obligations. Vous aurez besoin de faire des pauses que Ruth Klein appelle « les congés de maman » : prendre du temps pour recharger ses batteries et trouver un moyen de le faire sans être interrompue.

Autrement dit votre famille doit comprendre le sens du mot « en pause ».

Cela paraît incroyablement égoïste – et, là encore, vous culpabiliserez de prendre du temps pour vous. Mais tout ce qui peut vous redonner de l'énergie – que ce soit une heure de sommeil un samedi après-midi ou tout autre chose incluant un séjour annuel de deux jours dans un spa avec des amies – vaut l'investissement.

Cherchez aussi qui vous pouvez appeler à l'aide. Ruth Klein recommande fortement de se constituer une équipe de renfort avant d'en avoir vraiment besoin. Elle la décrit comme une sorte de GIGN, « un escadron personnel de spécialistes de l'aide d'urgence » qui accourra chez vous ou à votre bureau en cas de vraie urgence. Elle peut être composée de voisins, d'amis et de membres de votre famille, en convenant d'une façon de les dédommager – en leur rendant la pareille, par exemple.

La vie est imprévisible, c'est pourquoi avoir un escadron du GIGN sous le coude peut être vital – la fameuse « escorte » chère à Lynda Gratton (et dont je parle dans le chapitre 2).

Je connais même des gens qui ont déménagé pour avoir une meilleure équipe de renfort.

Et cela en vaut la peine.

Dans ce chapitre, j'espère avoir réussi à expliquer l'un des principaux défis que doivent relever les femmes (plus que les hommes) au cours de leur ascension professionnelle. La vérité, c'est qu'elles doivent caser beaucoup plus de choses dans leurs journées car elles prennent en charge la plupart des tâches domestiques. Et ce sera toujours le cas même si leur compagnon est à la maison pour s'en occuper.

Alors fixez-vous des priorités en fonction de ce qui est important pour vous, puis sous-traitez, organisez-vous, exprimez clairement vos besoins, gardez votre énergie et soyez tolérante et patiente quand les choses ne sont pas aussi bien faites que si vous vous en étiez occupée.

C'est le prix (relativement bas) à payer pour faire une grande carrière.

Et surtout, n'oubliez pas que vous *pouvez* tout faire – d'une façon ou d'une autre – en vous faisant aider.

Theresa Ahlstrom, directrice associée de KPMG LLP, et mère de deux enfants, le dit mieux que moi : « Je dis toujours aux jeunes mamans qu'on ne peut pas renoncer au bout de six mois. Elles mettront du temps à tout mettre en place, mais elles y arriveront. »

DEVOIRS POUR FEMMES AMBITIEUSES

À n'importe quel stade de votre carrière

Cherchez ce que vous pouvez sous-traiter dans votre vie pour vous libérer un peu

Pendant une semaine, notez tout ce que vous faites de votre temps.

Ensuite, relisez-vous pour voir les trois choses que vous pouvez déléguer à quelqu'un d'autre.

Réfléchissez à ce que vous pourriez faire de ce temps supplémentaire.

Si vous n'aviez pas été obligée de faire le ménage dans votre appartement, vous auriez peut-être pu préparer un MBA à mi-temps ?

Faites des listes pour mieux vous organiser

Quand je pilote un avion, j'ai une liste de tout ce que je dois faire à tout moment. Je l'ai tapée, imprimée et plastifiée, et j'en ai mis plusieurs copies dans le cockpit pour être sûre de toujours l'avoir sous la main. Ce genre de listes est la clé de tout.

Vous partez en vacances ?

Faites la liste de ce que vous devez emmener. Cela vous fera gagner du temps.

Vous devez faire des courses ?

Faites la liste de ce dont vous avez besoin. Il ne vous reste ensuite qu'à passer la commande par Internet ou qu'à aller au supermarché – dans tous les cas, ce sera plus rapide.

Vous préparez Noël ?

Listez tout – même la nourriture et les idées cadeaux. J'ai un carnet que j'emmène partout avec moi pour pouvoir passer en revue et mettre à jour mes listes quand j'ai un moment de libre.

Économisez votre énergie

Essayez les astuces suivantes. Vous serez étonnée de voir à quel point elles économisent de l'énergie et font gagner du temps.

- Gardez une feuille de papier et un crayon près de votre lit au cas où vous vous réveillez en pensant à des choses à faire. Sinon, vous aurez peur d'avoir tout oublié le matin et n'arriverez pas à vous rendormir.
- Libérez-vous de la tyrannie des courriels. Mettez votre BlackBerry dans un tiroir le week-end et sortez-le seulement une demi-heure, une fois par jour. Essayez de même pendant la semaine. Bloquez-vous un moment de la journée pour lire et répondre à vos courriels au lieu de toujours garder un œil dessus.

CHAPITRE 7

LA CULTURE FINANCIÈRE

Maîtrisez-vous les chiffres ?

À un certain niveau, il faut arriver à les comprendre – et si vous les maîtrisez vraiment bien, votre carrière est en bonne voie.

Il y a trois raisons qui me poussent à encourager les femmes à apprivoiser les chiffres.

- D'abord, pour gérer au mieux vos finances personnelles et avoir donc le temps de vous consacrer à votre carrière
- Deuxièmement, pour être sûre de comprendre le langage de la plupart des cadres dirigeants dans le milieu du travail
- Et enfin, et c'est peut-être le plus important, parce que la plupart des cadres supérieures sont en charge à un moment ou à un autre de l'argent des entreprises.

Miranda Lane a un rire merveilleux, du genre communicatif, qui la rend tout de suite sympathique. Elle vit à la campagne, adore les chevaux, a un mari, deux enfants et une silhouette superbe qu'elle cache sous des tailleurs pantalons noirs qui la font paraître intelligente et efficace. Elle sait particulièrement bien expliquer les choses, raconter des histoires et transmettre des notions complexes de façon simple – ce qui est appréciable car elle dirige une petite mais très fructueuse société de formation qu'elle a montée de toutes pièces il y a une dizaine d'années.

Miranda n'a pas commencé sa carrière dans la formation. C'est elle qui a été formée – comme comptable agréée auprès de Touche

Ross[16] en 1985. Elle avait fait des études en sciences politiques à l'université d'Exeter, ce qui n'était pas un cursus évident pour quelqu'un qui allait ensuite faire carrière dans les chiffres.

Pourquoi a-t-elle pris cette direction ?

Voici ses raisons telles qu'elle me les a expliquées.

J'ai décidé de faire de la comptabilité parce que je n'avais pas été à la hauteur des espérances de mon entourage, même pour mon diplôme, car je ne m'étais pas assez impliquée et j'avais trop fait la fête. Je voulais faire une belle carrière dans une banque d'investissement et j'ai réalisé qu'il fallait que je fasse quelque chose de sérieux. J'en ai parlé à un homme assez prétentieux qui m'a dit : « N'encombrez pas votre jolie petite tête de choses compliquées comme la comptabilité ». J'ai vu rouge. J'ai aussitôt fait les démarches pour devenir comptable.

Toutes les femmes du monde n'ont pas envie de devenir des comptables agréées. Mais si vous rêvez d'être un jour dans les hautes sphères, je vous conseille de tenir compte des trois raisons pour lesquelles vous devez, à mon avis, bien maîtriser les chiffres.

Comprendre suffisamment l'argent pour comprendre ce que fait le vôtre

Les femmes ambitieuses se concentrent sur ce qu'elles font – leur travail – mais si elles n'ont pas besoin de manipuler les chiffres au bureau, elles ne font généralement pas l'effort de comprendre les euros et les centimes de leur vie. Prenez l'exemple de Lady Gaga. Lors d'une interview avec Stephen Fry du *Financial Times* en 2011,

---

16. Ancien cabinet d'experts-comptables.

elle a montré à quel point elle s'impliquait dans sa carrière. Elle avait participé à un talk-show anglais ce qui, de l'avis de Fry, ne représentait pas un grand challenge pour une telle star. Pourtant elle avait regardé l'émission après, quand elle avait été diffusée à la télé.

❛ Je l'ai regardée encore et encore et encore et encore et encore. J'ai regardé tous les passages que j'aimais et tous les passages que je n'aimais pas [...] et je me suis dit : « OK, peut-être qu'à ce moment, tu contrôlais moins bien ta respiration et là, tu devrais peut-être essayer cela... ». Je passe tout ce que je fais en revue pour continuer à m'améliorer dans mon métier. ❜

Un peu plus tard :

❛ Je ne suis pas obsédée par les choses matérielles. Je me fiche de l'argent. Je me fiche d'attirer ou pas l'attention sur moi. La seule chose qui compte pour moi, c'est l'amour de mes fans. C'est pourquoi, l'important pour moi, c'est de m'impliquer dans mon art et m'améliorer. ❜

Alors comme cela, elle se consacre entièrement à son métier ? C'est super, et les femmes ambitieuses devraient suivre son exemple dans ce domaine.

Mais pas pour ce qui est de son désintérêt pour ses finances.

Vous avez sans doute remarqué que Lady Gaga fait passer son manque d'intérêt pour les « choses matérielles » pour une qualité. Eh bien, elle a tort. Le passage de l'interview dont je me souviens le mieux est celui où elle décrit plus précisément son rapport à l'argent : « Honnêtement, l'argent ne signifie rien pour moi. »

Elle a révélé qu'elle était en faillite après la première prolongation de sa tournée The Monster Ball Tour.

❛ Le plus drôle, c'est que je ne le savais pas ! J'ai appelé mes proches pour leur dire : « Pourquoi tout le monde me dit que je n'ai pas d'argent ? C'est ridicule, j'ai cinq singles numéro 1. » Ils m'ont répondu : « Eh bien, tu as 3 millions de dollars de dettes. » ❜

Moi, je n'ai pas trouvé cela drôle – une femme ambitieuse doit être aux manettes de ses finances. Je pense que Lady Gaga le sait maintenant.

En mars 2011, MasterCard a sorti son premier Index of Financial Literacy[17] en Asie, dans le Pacifique, au Moyen-Orient et en Afrique.

Savez-vous dans quel pays d'Asie et du Pacifique (y compris l'Australie et la Nouvelle-Zélande) les femmes arrivent en tête ?

Pas en Australie. Pas à Hong Kong ni au Japon… En Thaïlande.

La Thaïlande est beaucoup plus pauvre que les autres pays – ce qui montre que, quand les femmes doivent compter le moindre sou, elles savent où part l'argent. Avec tous les moyens qu'on a à portée de main – que ce soit un revenu modeste (pour le moment) ou plusieurs disques d'or sur le dessus de la cheminée – on ne peut décemment pas ignorer comment tirer le meilleur parti de son argent.

En 2006, Alexa von Tobel, étudiante de troisième cycle à Harvard, a eu l'idée de créer LearnVest, un site de finances personnelles pour les femmes. Après avoir réalisé qu'il n'y avait pas de formation pour cela, mais seulement de piètres moyens mis à la disposition des femmes pour gérer leurs finances, elle a fondé un site Internet qui a gagné plus de 5 millions de dollars et formé des tas de femmes.

Savez-vous tout ce qu'il faut savoir sur vos finances personnelles ?

Avez-vous un tableau quelque part où sont indiqués tous vos investissements (ou toutes vos dettes) ?

---

17. Classement des femmes les plus compétentes avec leur argent.

N'oubliez pas qu'avoir la maîtrise de ses finances rend libre.

C'est particulièrement vrai dans un mariage, ou un partenariat de toute sorte.

Ne devenez jamais, jamais la partenaire de quelqu'un – d'un point de vue professionnel ou personnel – si vous ne connaissez pas suffisamment les chiffres pour poser les bonnes questions.

Chaque femme a ses propres limites dans un mariage – des limites qui, si elles sont franchies, déclenchent une crise grave. Ma limite personnelle, c'est la transparence financière. Monsieur M. peut laisser d'énormes piles de linge par terre dans la chambre, programmer toutes les radios de la maison (et des voitures) sur des chaînes de sport et oublier une nouvelle fois de m'offrir un cadeau pour notre anniversaire de mariage, ce qui me fait vraiment sortir de mes gonds, ce sont les secrets sur l'argent. Chez moi, cela peut être l'achat d'un nouveau et très cher club de golf. Chez une autre femme, cela peut être un compte en banque secret dont son mari ne lui a pas parlé ou un certain mystère autour du montant de sa prime annuelle.

D'où un manque de confiance.

Avoir la mainmise sur les finances du ménage est un très bon début pour une femme ambitieuse, qu'elle soit mariée ou pas. Dans votre vie professionnelle, vous aurez peut-être besoin de faire un break, de vous reformer pour acquérir de nouvelles compétences, de vous qualifier dans un certain domaine (ou pour une entreprise particulière) pour enrichir votre CV. Cela signifiera peut-être gagner moins d'argent – et parfois même travailler gratuitement.

Comment savoir si c'est possible, si vous ne savez pas la somme qu'il vous faut pour tenir le coup ?

Vous aurez tellement plus de choix si vous essayez de réduire votre dette et si vous savez où part chacun de vos centimes – en dépense ou en épargne.

En tant que femme, vous devriez économiser de l'argent. Au cours de ma carrière, j'ai suivi les conseils de plein de gens que je considère comme mes mentors (même s'ils n'en ont jamais reçu officiellement le titre). Quelqu'un qui a joué un grand rôle dans ma carrière m'a dit un jour être surpris que je ne sois pas riche. C'est vrai. J'avais atteint le point où j'avais acheté ma société et j'avais dû emprunter chaque centime pour le faire. Cela s'explique en partie par le fait que j'avais passé huit ans dans le domaine bancaire sans être correctement payée (à l'époque, j'étais la numéro 2 du couple et, comme beaucoup de femmes, je préférais avoir plus de flexibilité que d'argent), mais c'est surtout parce que je n'avais pas pris l'habitude de faire des économies.

Quand j'interviens dans des écoles, j'en parle aux jeunes femmes et je leur explique l'importance de se constituer un capital. L'espérance de vie, surtout pour les femmes, est de plus en plus longue. Nous allons toutes vivre plus longtemps que nos mères, et beaucoup plus longtemps que nos grands-mères.

Comment allons-nous pouvoir nous le permettre financièrement, si nous ne mettons pas très vite de l'argent de côté ?

Au Royaume-Uni, les deux tiers des retraités qui vivent dans la pauvreté sont des femmes. Étant donné le fort taux de divorce dans le pays, et le fait que plus de la moitié des divorces surviennent quand la femme a plus de quarante-cinq ans, il est essentiel de prendre les choses en main et de créer son propre capital financier.

Sur le site Millionaire Mommy Next Door, Jen Smith décrit comment, grâce à son maigre salaire de serveuse de nuit, elle a acquis son indépendance financière et est devenue, par sa seule volonté, millionnaire à quarante ans. Jen a monté une demi-douzaine de petites sociétés tout en travaillant de chez elle en pyjama. Elle a appris à investir en bourse et sur elle.

Les femmes ont besoin de plus d'argent que les hommes. Pourquoi ? (Non pas pour s'offrir plus de chaussures, de sacs et de manucures). Parce que nous vivons plus longtemps que les hommes, gagnons beaucoup moins d'argent que nos homologues masculins et avons plus de chances de nous retrouver un jour seule avec nos enfants. Les femmes représentent 87 pour cent des personnes âgées démunies au Royaume-Uni. Une femme qui travaille à plein temps pendant quarante ans va gagner 523 000 $ de moins que son homologue masculin. À soixante-cinq ans, cet argent pourrait les aider à ne pas venir gonfler les statistiques des seniors démunis ! Que nous disent ces chiffres déprimants ? Ils nous disent que les femmes, surtout âgées, ne sont pas bien préparées à gérer leurs finances elles-mêmes. Pourtant 90 pour cent des femmes finiront un jour par le faire seule.

Allez vous acheter un livre de conseils financiers comme *Love is Not Enough : The Smart Woman's Guide to Making (and Keeping) Money* de Merryn Somerset Webb (c'est-à-dire Mon Amie La Plus Futée).

Cela vaut la peine d'investir un peu de temps (et même d'argent) pour comprendre ce sujet vital mais de plus en plus complexe. Le professeur d'économie Annamaria Lusardi souligne elle aussi la nécessité pour les femmes d'économiser de l'argent pour la retraite. Elle admet ne pas avoir appliqué ce conseil à la lettre et s'être retrouvée « à essayer de rattraper le temps perdu à cinquante ans, ce qui n'est pas l'idéal et réduit vraiment le champ des possibles ».

Avoir de l'argent de côté n'est bien sûr pas seulement utile pour la retraite.

Si vous êtes mariée et que vous envisagez de faire une pause dans votre carrière pour avoir des enfants, avez-vous placé l'argent que vous avez durement gagné sur un compte individuel à votre nom ?

Rien n'est plus embêtant que de devoir demander, avec une courbette, de l'argent à son mari chaque fois qu'on veut aller chez le coiffeur ou emmener sa mère au restaurant. Si vous êtes au début de votre carrière, avant de vous marier ou de faire une pause, de grâce pensez-y et ne sous-estimez pas le malaise dans lequel cela peut vous mettre. Mon Amie La Plus Ancienne dit que cela « détruit l'âme », même celle d'une femme dont le mari accepte volontiers qu'elle dépense son argent.

Devoir demander de l'argent nuit à la confiance en soi et donne l'impression qu'on a perdu son indépendance, ce qui peut être très démoralisant.

Si vous pensez que cette obsession pour l'argent est une fixette de femme surdiplômée et en surpoids qui fantasme sur les comptables, je vous recommande d'acheter des livres sur le sujet.

Avoir une culture financière est très important. Les gens qui ne s'y intéressent pas sont :

- plus susceptibles d'avoir des dettes
- moins susceptibles de participer à la vie des marchés
- moins susceptibles de choisir des fonds de placement à moindres frais
- moins susceptibles d'accumuler de l'argent et de bien le gérer
- moins susceptibles de prévoir leur retraite.

En juillet 2010, selon l'Insolvency Service[18], le nombre de femmes britanniques faisant faillite était presque cinq fois supérieur à celui de l'an 2000. Les jeunes femmes en particulier semblaient avoir du mal à gérer leur argent, et presque les deux tiers des faillites personnelles se produisaient entre 25 et 44 ans. D'après la vénérable organisation Fawcett Society, ce problème touche essentiellement les

---

18. Service de l'Insolvabilité du Royaume-Uni correspondant à la Commission de Surendettement de la Banque de France.

femmes et, en règle générale, des femmes gagnant moins d'argent, possédant moins de biens et ayant un potentiel de gains moins important que les hommes. D'autres disent que c'est parce que les femmes ne savent pas gérer leur argent et manquent de culture financière.

C'est probablement vrai dans les deux cas mais, et le plus important, c'est qu'ils sont étroitement liés.

De plus, les conseillers financiers pensent que beaucoup de femmes ont besoin qu'on les « pousse » à se demander si elles sont assez bien payées pour ce qu'elles font, car les femmes « sont moins sûres d'elles et n'ont pas les mêmes compétences financières que les hommes ».

Nous devons avoir plus confiance en nous et être mieux informées, c'est pourquoi je vous encourage à lire plus d'articles et de livres financiers.

Commencez par vous assurer que vous maîtrisez complètement vos propres finances.

Savez-vous où se trouvent tous vos comptes bancaires ?

Connaissez-vous le solde de chacune de vos cartes de crédit, et pouvez-vous les classer par ordre d'importance en fonction de leur taux d'intérêt ?

Avez-vous une stratégie pour rembourser votre prêt immobilier ? C'est bien.

Apprenez le langage des personnes exerçant de hautes fonctions

Maintenant, nous pouvons passer à la seconde raison pour laquelle vous devez accroître votre culture financière : vous devez absolument apprendre le langage des gens que vous allez croiser tout au long de votre carrière et avec lesquels vous allez grimper les échelons.

L'argent, comme tout étudiant en économie le sait, est un moyen d'échange, une unité de mesure et une réserve de valeur. C'est le langage à travers lequel les valeurs du monde – une tonne de blé, un baril de pétrole – peuvent être exprimées sous une autre forme – une automobile, une robe de créateur. Comprendre l'argent – au moins ce que j'appellerais un niveau « de base » – et ce qu'il permet d'obtenir vous donneront le langage nécessaire pour parler avec n'importe qui de presque n'importe quoi. Les gens qui réussissent s'y connaissent tous en argent, même s'ils n'ont pas fait carrière dans la finance.

Madonna sait certainement combien elle a vendu de billets lors de sa dernière tournée, au dollar près.

Melinda Gates sait sûrement combien coûte un vaccin contre la polio.

Fiona Reynolds, qui dirige le Fonds National du Royaume-Uni – une organisation qui, bien qu'elle ne perçoive pas de subventions publiques, s'occupe de la majorité des anciens bâtiments et de presque tous les villages du pays – connaît certainement le montant de son budget annuel et quels sont ses principaux revenus et centres de coûts.

Quelle que soit la société pour laquelle vous travaillez, posez-vous les questions essentielles.

Connaissez-vous les résultats financiers de votre employeur ?

Avez-vous lu son plus récent rapport d'activité, y compris les annexes – et les comprenez-vous presque toutes ?

Comment se situe-t-il par rapport à ses concurrents, et à ses semblables ?

Si c'est une entreprise privée, elle doit avoir des comptes déposés quelque part. Si c'est un organisme à but non lucratif, ou une société publique, elle doit avoir un système de mesure permettant d'évaluer ses performances. Les connaissez-vous – ou savez-vous peu de choses sur votre société ?

Je conseille à toutes les femmes ambitieuses d'apprendre à lire le *Financial Times*. On le trouve partout maintenant, même en format papier – sinon vous pouvez le remplacer par n'importe quel journal financier de votre pays. Comprendre les discussions sur les performances financières d'une entreprise ou d'un pays vous permettra d'acquérir le langage des puissants. Et vous devez vraiment apprendre à les lire. Ce n'est pas comme feuilleter un magazine people. J'ai dû apprendre à lire le *Financial Times* quand j'étais étudiante et je montre comment le faire à tous mes employés. À première vue, c'est totalement incompréhensible mais, si on apprend à le lire petit bout par petit bout, on se rend compte que certains d'entre eux sont moins hermétiques qu'il n'y paraît– même pour un débutant.

Quand on lit régulièrement le *Financial Times*, on rejoint le club le plus sélect du monde – le club de ceux qui comptent, de ceux qui respirent l'air que vous rêvez de respirer, qui pilotent (ou possèdent) un avion, qui dirigent les sociétés et les pays où il se passe vraiment des choses. Même quand je le lis en entier sur Internet, je l'achète et l'emmène partout avec moi, surtout lors de mes déplacements. Ce journal me donne une image qui dit : « Je suis quelqu'un à qui cela vaut la peine de parler même si vous êtes l'une des personnes les plus importantes et les plus influentes du monde. »

Achetez de la littérature financière pour conquérir les sommets

Partons du principe que vous maîtrisez complètement vos propres finances et que vous lisez régulièrement le *Financial Times*.

Vous pouvez parler de la décision de telle entreprise à renoncer aux dividendes ou de la crise financière en Irlande avec quelqu'un rencontré par hasard dans la business-class (ou, je l'espère pour vous, en première classe) d'un avion.

Mais cela ne suffit pas forcément pour réussir dans la vie.

La troisième et peut-être plus impérieuse raison pour devenir une pro des finances, c'est que la finance est une voie sûre pour atteindre les sommets. Si vous lisez ce livre et voulez un jour diriger une grosse entreprise – et surtout si vous voulez être un jour à la tête d'une grande société cotée en bourse – je vous conseille vivement d'avoir une qualification financière officielle.

Parmi les femmes brillantes et polyvalentes citées dans l'index des femmes FTSE de l'école de Cranfield, il y a Alison Carnwath que beaucoup de femmes ont prise pour modèle. Au lieu d'aller à Oxford ou à Cambridge, Alison a fréquenté les rassurants bâtiments en briques rouges de l'université de Reading. Et elle n'a pas de MBA. Mais elle a un diplôme d'expert-comptable de Peat Marwick Mitchell et est devenue banquière d'affaires en 1980. Elle a passé vingt ans à construire ce pan de sa carrière avant de démissionner pour prendre la présidence de plusieurs sociétés dont Land Securities, Barclays et Man Group – qui font toutes partie de la FTSE[19].

Partout la même histoire se reproduit.

Beaucoup de femmes jouant un rôle dans les conseils de surveillance des sociétés de l'indice FTSE Eurofirst 300 ont un background et / ou des diplômes financiers. Et certaines sont aussi diplômées en droit, ce qui est une autre excellente assise pour une carrière.

La nomination en août 2006 de l'Indienne Indra Nooyi, qui porte systématiquement des saris et a longtemps été leader d'un groupe de rock féminin, au poste de présidente du groupe Pepsi a suscité bien

---

19. Indice boursier des cent entreprises britanniques les mieux cotées à la bourse de Londres.

des commentaires. « Madame Nooyi va devenir l'une des directrices générales les plus importantes du monde », prédisait *The Economist*.

Pourtant, peu a été dit sur la voie qu'elle a choisie pour finir à un tel poste. Avant de devenir chef de la direction, Indra était présidente et P-DG de Pepsi – et ce, en dépit du fait qu'elle n'était pas une comptable chevronnée. Elle a obtenu sa licence à l'université chrétienne de Madras en Inde en chimie, physique et mathématiques ; elle a ensuite fait un master en finance et en marketing à l'Indian Institute of Management à Calcutta ; elle a aussi fait un master en management public et privé à la Yale School of Management. Elle a accédé au conseil d'administration de PepsiCo *via* différents postes (notamment chez Asea Brown Boveri et chez Motorola où elle est toujours membre du comité de direction) et une bonne dose de conseil en management.

Je parie que si les directeurs du groupe Pepsi ont choisi Indra, c'est parce qu'ils étaient très impressionnés par sa connaissance du groupe et sa capacité à en comprendre chaque rouage. Business Roundtable[20] décrit son précédent poste comme suit : elle était responsable des « principales fonctions du groupe Pepsi dont les finances, la stratégie, l'optimisation des processus d'affaires, les plates-formes collectives et innovation, les achats, les relations avec les investisseurs et les technologies de l'information ».

Être P-DG a beaucoup aidé Indra – elle avait une visibilité sur tout le groupe et est devenue elle-même très visible.

Beaucoup de femmes ont suivi la même voie pour accéder à de hautes fonctions.

Lorsqu'elle est devenue directrice financière de Loyds TSB, Helen Weir était sans doute la plus puissante P-DG de Grande-Bretagne. (Oui, revoilà Helen car cela vaut la peine de comprendre comment

---

20. Association des P-DG américains.

on peut faire une carrière et finir par gagner plus de 1 million de livres par an, soit près de 1 250 000 euros). Comme Indra, elle a étudié les mathématiques en premier cycle, puis le management plus, comme dit précédemment, un diplôme de comptabilité de gestion chez Unilever. Tout cela aide incontestablement beaucoup quand on gère les finances d'une banque capitalisée à 30 milliards de livres (38 milliards d'euros). Entre autres points communs évidents avec la nouvelle dirigeante du groupe Pepsi, Helen a débuté sa carrière dans le conseil en management avec McKinsey. En 2006, elle a été nommée Businesswoman de l'année par Harper's Bazaar et The Business Chanel[21], un honneur fait aux femmes qui ont grimpé les échelons de leur entreprise jusqu'au dernier.

Les quatre précédentes lauréates avaient toutes d'impression-nant pedigree financier. Bibiana Boerio, qui était en 2011 directrice des finances et de la stratégie des Opérations Internationales de Ford, était directrice générale de Jaguar lorsqu'elle a reçu ce prix. Elle a longtemps travaillé pour Ford et occupé plusieurs postes financiers, dont vice-présidente exécutive et directrice financière de Ford Credit après avoir été nommée à la tête des finances de Jaguar lors de son rachat par Ford.

Vous voyez ? Cela aide d'avoir occupé un poste de cadre financier quand on veut réussir dans la vie.

Vivienne Cox a aussi gagné ce prix lorsqu'elle était vice-prési-dente exécutive d'une division de BP qui, si elle avait été référencée seule, aurait eu sa place dans l'indice FTSE 100. Elle était à l'époque la seule femme membre du comité exécutif de BP. Après un diplôme de premier cycle (comme celui d'Helen, à Oxford, et en partie comme celui d'Indra, en chimie), elle a fait un master sur le même sujet. Cela l'a conduite à BP où elle a très vite intégré la direction

---

21. Chaîne d'informations économiques. Équivalent français : BFM TV.

financière, en devenant membre de l'équipe qui a orchestré la privatisation de l'entreprise. Encore une preuve que la finance est la voie royale pour accéder aux hautes fonctions des plus grandes sociétés.

Tout cela ayant été amplement démontré, pourquoi si peu de femmes ambitieuses s'engagent-elles sur cette voie ?

Jeremy Rickman de Russell Reynolds Associates est un chasseur de têtes respecté basé à Chicago qui s'est spécialisé dans la chasse aux directeurs financiers de talent pour certaines des entreprises les plus prospères du monde. Jeremy, qui est lui-même un expert-comptable et un ancien directeur financier, dit qu'il voit arriver de plus en plus de candidates de qualité sur le marché. « De plus en plus de femmes se font remarquer en tant que directrices financières, et je pense que cela va continuer », m'a-t-il confié. Russell Reynolds Associates recherche aussi des directeurs généraux, et Jeremy a tout à fait conscience que les chefs de services financiers qu'il trouve aujourd'hui seront un jour en mesure d'accéder à ce genre de postes.

Helen est elle aussi persuadée qu'une qualification professionnelle contribue au succès des femmes ambitieuses.

❛ Tous les cadres supérieurs que je connais sont très à l'aise avec les chiffres – ils savent lire les comptes de résultats ou les bilans annuels et comprennent ce qu'ils veulent dire. Avoir cette compétence est une condition préalable très importante pour réussir dans la vie. Tous les dirigeants n'ont pas fait de formation financière mais je pense que c'est un bon début. ❜

Bien sûr, toutes les femmes qui se retrouvent P-DG d'une société anonyme n'ont pas commencé leur carrière à un poste de comptable, et certaines d'entre elles ont délibérément choisi de ne pas suivre cette voie. Belinda Earl, qui a été nommée P-DG de Debenhams à trente-huit ans et est maintenant P-DG de Jaeger et d'Aquascutum, a fait des études d'économie mais a refusé un stage chez Arthur Andersen pour suivre une formation chez Harrods. Deux ans plus tard, en 1985, elle est arrivée chez Debenhams où elle a gravi tous les échelons pour finalement prendre la tête du merchandising et du service commercial – et enfin de toute la société.

C'est bien de savoir qu'il n'y a pas qu'une seule voie, mais je note au passage qu'on lui a proposé un stage de formation en comptabilité qu'elle n'a pas accepté. Cela montre qu'elle était à l'aise avec les chiffres, même à un jeune âge. Elle a aussi d'ailleurs autrefois souligné l'importance d'avoir de bonnes bases financières.

J'encourage les gens qui veulent accéder à des postes de haut niveau de se constituer pas seulement des connaissances mais des vraies bases financières, pas seulement pour lire les bilans ou les comptes de résultats, mais pour savoir où sont les leviers stratégiques. Le commerce de détail, que ce soit gérer une boutique ou acheter et vendre une gamme de produits, nécessite d'avoir un tel bagage.

Vous comprenez ?

Les femmes haut placées ont des compétences financières. Et généralement tous les diplômes qui vont avec.

Avon est l'une des plus prospères sociétés de cosmétiques du monde. En novembre 2011, le groupe a nommé une femme chef de la direction financière : Kimberly Ross qui venait de passer dix ans chez le géant de la grande distribution hollandais : Ahold. Elle avait occupé plusieurs postes importants dans la trésorerie, les impôts et les finances avant de devenir chef de la direction financière et membre du directoire du groupe en novembre 2007. Lors de l'annonce de son départ d'Ahold, son directeur général de l'époque, Dick Boer, a loué sa contribution à l'entreprise et l'a remerciée « d'avoir stabilisé et assaini les finances de la société et de laisser derrière elle un solide bilan ».

Kimberly n'est pas experte-comptable, mais elle a obtenu une licence en comptabilité à l'université de Floride du Sud. Elle a ensuite commencé sa carrière dans un cabinet d'audit interne chez Anchor Glass. L'audit interne n'est pas toujours considéré comme une option sexy dans une carrière, mais cela permet de connaître toutes les facettes et le fonctionnement d'une entreprise – presque mieux qu'un MBA.

Je conseille souvent à ceux qui veulent faire carrière dans une banque d'investissement, mais qui ont beaucoup de mal à trouver un poste dans un service de fusions et acquisitions, d'essayer l'audit interne. C'est un excellent moyen d'entrer dans une entreprise.

Bien sûr, la finance n'est pas la seule clé du succès. Il y a aussi le droit, une autre formation professionnelle appréciée de tous qui apparaît sur le CV de beaucoup de grands cadres. Les femmes d'exception aussi différentes que Marjorie Scardino (P-DG de Pearson plc, le propriétaire de la maison d'édition de ce livre), Amelia Fawcett (présidente du groupe de médias *The Guardian*), Maria da Cunha (directrice juridique de British Airways) et Sara Geater (P-DG de la société de production télévisuelle Talkback Thames) ont toutes fait du droit. Prenez aussi la gagnante de la première édition du prix du magazine *Harper's*, Sian Westerman. Elle aussi avait un diplôme de droit de l'université de Birmingham et avait été embauchée comme avocate chez Slaughter and May avant de changer de carrière et de devenir la première banquière d'investissement dans les bureaux londoniens de Rothschild.

Mais la comptabilité est une voie beaucoup plus sûre.

En 2011, Catalyst (un organisme à but non lucratif dont la mission est d'accroître les opportunités professionnelles pour les femmes) a publié des chiffres sur les femmes travaillant dans la finance aux États-Unis. Voici (en italique) ce que j'ai pensé de ces résultats.

■ Les femmes représentent 60,1 pour cent des comptables et des auditeurs. *Super !*

■ Dans une étude faite en 2009, les femmes représentaient 55 pour cent des jeunes diplômés en comptabilité nouvellement embauchés, et 41 pour cent de tous les experts-comptables. *C'est très encourageant !*

■ Les femmes représentent 23 pour cent de tous les associés des entreprises, même si elles représentent 49 pour cent des employés des cabinets comptables. *C'est un peu moins encourageant*

■ Dans une étude faite en 2010 sur le nombre de femmes associées dans les Big Four[22] de 2009, les femmes représentaient 18,1 pour cent de tous les associés. *Ce n'est simplement pas assez.*

La proportion des femmes des six plus gros cabinets comptables du monde est passée de 22 pour cent en 1999 à 33 pour cent en 2009, selon le Financial Reporting Council[23]. Mais le nombre d'étudiantes est resté constant (sauf en 2008) depuis 2004, à 48 pour cent – même si entre 2004 et 2009, le pourcentage des étudiantes de l'Institute of Chartered Accountants[24] d'Angleterre et du Pays de Galles a baissé de 3 pour cent.

Sachant que la finance et la culture financière mènent au succès, il nous faut plus de femmes comptables.

Alors s'il vous plaît, encouragez les jeunes filles de votre entourage à faire cette formation. Empêchez-les, une fois leur diplôme en poche, de postuler directement dans une bourse européenne – il vaut mieux qu'elles acquièrent de l'expérience avant, et les bourses européennes seront toujours prêtes à les accueillir. En fait, elles les y accueilleront encore plus chaleureusement.

---

22. Les quatre groupes d'audit les plus importants du monde.
23. Entité indépendante des professions de la finance.
24. Institut des experts-comptables.

Mon meilleur conseil pour acquérir de l'expérience, c'est de le faire dans une ville ayant des clients potentiels très intéressants. Au Royaume-Uni, par exemple, j'encourage souvent les jeunes femmes à aller travailler à Birmingham ou à Bristol, au lieu de Londres, pour pouvoir faire des missions d'audit dans des sociétés de taille raisonnable et comprendre comment ces sociétés fonctionnent.

Aux États-Unis, un expert-comptable est quelqu'un qui a passé un examen particulier : le Uniform Certified Public Accountant Examination. Le critère d'éligibilité à cet examen varie légèrement d'un État à l'autre, mais exige généralement environ 150 heures de cours réparties sur un semestre si on n'a pas de diplôme de comptabilité.

Mais savez-vous que vous pouvez préparer cet examen en dehors des États-Unis – et même au Japon, au Bahreïn, au Koweït, au Liban et aux Émirats arabes ?

Une fois que vous aurez passé cet examen, vous devrez acquérir l'expérience équivalente – généralement pendant un à deux ans – avant de pouvoir exercer.

Et moi ?

Comme je l'ai dit plus haut, je n'ai pas de diplôme de comptabilité. Les regrets, ce n'est pas mon truc. Je pense que c'est une perte de temps, comme la culpabilité. Mais la seule chose que je regrette presque c'est de ne pas avoir de diplôme d'expert-comptable. Alors, comme je l'ai dit dans le chapitre 3, je prévois de passer un examen de comptabilité de gestion pour fêter mon cinquantième anniversaire.

Si vous me croisez, demandez-moi comment cela se passe.

J'ai fait de la comptabilité de gestion en préparant mon MBA à la London Business School avec Andrew Liekerman qui en est maintenant le doyen – et je suis sûre que c'est pour cela que je considère mes enfants comme des *Coûts* de Cœur.

Mais j'aimerais beaucoup ajouter ce nouveau diplôme à mon palmarès.

Pour finir, encore un mot sur Miranda Lane (dont j'aimerais tant avoir les compétences financières). Sa société de formation s'appelle Finance Talking, et elle forme des gens dans le monde entier à comprendre le langage des marchés et les paramètres du rendement financier, et à en parler.

Vous n'avez peut-être pas envie de devenir comptable, mais si la société de Miranda connaît un tel succès, c'est parce que beaucoup de gens comprennent que, pour progresser dans leur carrière, ils ont besoin d'elle et de son équipe pour apprendre à maîtriser les chiffres. J'espère que parmi ses futurs clients, il y aura plus de femmes. Cela montrera qu'elles sont plus nombreuses à viser les sommets.

J'espère vous avoir convaincue de l'importance, pour une femme ambitieuse, d'avoir une culture financière. Au moins, s'il vous plaît, gérez vos propres finances car cela vous donnera plus d'options dans le futur.

La meilleure et la plus sûre route vers les hautes sphères passe par un diplôme financier. Ce n'est pas pour tout le monde – mais, pour celles qui sont capables de le faire, c'est un formidable accélérateur de carrière.

DEVOIRS POUR FEMMES AMBITIEUSES

Comment devenir bonne en finance

Ayez la mainmise sur vos propres finances

Faites un tableau pour lister toutes vos dettes (prêt immobilier, cartes de crédit, découverts, emprunts étudiant et éventuellement prêts des membres de votre famille avec leurs taux d'intérêt respectifs).

Mettez-le à jour le premier de chaque mois ou chaque fois que vous recevez vos relevés bancaires.

Sur le même tableau, mettez tous les actifs que vous avez (biens immobiliers, économie) et leur valeur.

Vous constituez-vous un patrimoine ?

Ou êtes-vous en train d'accroître votre passif ?

Équilibrez mieux vos revenus et vos dépenses pour pouvoir mettre de l'argent de côté – même peu au début.

Comment pouvez-vous y parvenir ? En réduisant les coûts ou en prenant un second travail ?

Fixez-vous des objectifs financiers

Définissez votre propre « ligne d'arrivée » financière.

Au TEDx[25] de la London Business School en mai 2011, Payal Patel a insisté sur l'importance de savoir exactement combien d'argent nous « suffit ».

Personnellement, je rêve de ne plus avoir de dettes, de posséder trois propriétés et de verser une somme supplémentaire (et

25. Congrès local et auto-organisé de la London Business School.

importante) dans mon fond de pension avant de prendre ma retraite. J'en connais le montant exact. Dès que j'aurai atteint cet objectif, j'aurai une carrière plus plurielle et consacrerai plus de temps à mes activités de la « troisième dimension » (voir chapitre 8).

Avez-vous déterminé votre « ligne d'arrivée » financière ?

Apprenez le langage des hautes sphères

Apprenez à lire le *Financial Times* et *The Economist*

Voici une façon rapide d'y arriver – et n'oubliez pas de vous y abonner, c'est beaucoup moins cher.

- Le *Financial Times* : Commencez par lire les rubriques digestes pendant quatre semaines. Par exemple, celle de Lucy Kellaway dans le *Financial Times* le lundi, et un article de la rubrique « Lex » tous les jours. Lisez aussi les résumés sur le côté gauche des premières pages de ces deux sections. Puis lisez un article supplémentaire chaque jour pendant quatre semaines. Essayez aussi un nouveau chroniqueur chaque semaine. John Kay ou Tim Harford, Andrew Hill ou Michael Skapinker écrivent tous sur le management ou l'économie. Apprenez à lire Gillian Tett en commençant par sa rubrique la plus accessible, le samedi, puis ses articles plus sérieux et plus techniques sur la finance. Abonnez-vous au *Financial Times* en ligne et créez des alertes pour les sociétés qui vous intéressent – votre employeur ou celui de votre ami / parent / compagnon.
- *The Economist* : Commencez par lire les résumés « The Week in Politics » et « The Week in Business ». Puis parcourez l'index et choisissez deux articles à lire chaque semaine, plus une critique de livre et la nécrologie (il n'y en a qu'une par semaine).

Étudiez une société différente chaque mois

Lisez son rapport annuel (toutes les sociétés anonymes les mettent sur leurs sites Internet). Puis essayez de trouver quelqu'un qui y travaille pour en savoir plus.

Faites une formation pour apprendre le langage financier

Dans les formations de Miranda, on regarde la façon dont les sociétés sont analysées et jugées par des tiers et comment elles communiquent leurs résultats financiers. C'est un excellent moyen pour comprendre comment fonctionnent les marchés. Mais le grand plus de ces formations, c'est qu'on peut les faire en ligne quel que soit son lieu.

Accélérez le rythme de votre ascension

Suivez une formation de comptable

Peu importe le sujet (comptes de gestion ou comptes légaux). Et n'oubliez pas que certaines formations peuvent se faire à temps partiel.

Envisagez de faire un CFA

Relisez le chapitre 1 pour savoir pourquoi un CFA (page 27) est un diplôme si utile.

CHAPITRE 8

LA TROISIÈME DIMENSION

Désolée de vous le dire, mais cela ne suffit pas d'être bonne dans son travail. Ou même d'être bonne et dans son travail et dans la gestion de sa vie de famille.

Pour vraiment réussir dans la vie, il faut avoir une troisième dimension. Et il faut bien la choisir et bien la réaliser.

Pourquoi ?

Parce qu'une troisième dimension vous rendra plus intéressante et plus attirante – et, quand vous aurez gravi les échelons, vous permettra d'acquérir de l'expérience en management et en conseils d'administration. En plus, elle peut vous aider à vous construire un réseau (ce qui, comme nous l'avons vu dans le chapitre 2, est très important).

Je l'ai compris en observant des femmes brillantes que je connais et que j'admire, et aussi des femmes à un stade moins avancé de leur carrière. L'une d'elles est Helena Morissey dont nous avons fait la connaissance dans le chapitre 6. Helena a une beauté inhabituelle. Fine, la peau pâle et lumineuse, les yeux sombres, elle ressemble à ces femmes que les grands artistes veulent peindre. D'ailleurs les jeunes artistes anglais d'aujourd'hui ont une bonne raison d'aimer Helena qui siège au conseil d'administration de la Royal Academy of Arts.

En avril 2011, elle a fait signer un accord de trois ans entre son employeur (la Bank of New York Mellon) et la Royal Academy pour sponsoriser les écoles d'art qui la composent depuis sa fondation en 1768. Cet accord prévoit d'aider financièrement les étudiants qui auraient des difficultés financières. Comme Helena le dit : « Le rôle de la Royal Academy School est inestimable pour nourrir le talent et les idées des jeunes artistes et donc, pour assurer le futur de l'art. »

Cela fait des années qu'Helena soutient activement la Royal Academy. Mais ce n'est pas la seule chose qui occupe son temps libre. En novembre 2010, elle a fondé le 30 % Club, un club militant qui espère augmenter de 30 % la représentation des femmes dans les conseils d'administration et dans les hautes sphères des sociétés anonymes, à l'orée de 2015.

Dans une interview donnée en décembre 2010, elle déplore :

la tendance des femmes à ne pas se mettre en avant et à ne pas travailler sur l'aspect politique des choses [...]. Nous devons plus nous faire voir, plus nous faire entendre.

J'espère que je l'aide à se faire entendre – je siège au comité de pilotage du 30 % Club.

Son travail avec la Royal Academy et sa décision de créer le 30 % Club expliquent sa présence au début de ce chapitre. Je veux encourager toutes les femmes à trouver leur troisième dimension – une facette de leur vie en dehors du travail et de la maison.

Si vous voulez faire une belle carrière, vous devez absolument avoir une troisième dimension. Elle peut – et d'ailleurs devrait, à un certain niveau – concorder avec vos intérêts professionnels ou personnels, mais elle peut être aussi quelque chose de substantiellement différent.

Quand on voit Helena pour la première fois, on comprend qu'elle ne fait pas cela pour faire son autopromotion. Elle a vraiment envie de soutenir des causes nobles comme la Royal Academy, et de changer les choses grâce au 30 % Club. Mais même si vous n'avez pas une âme de philanthrope, vous devez développer une troisième dimension dans votre vie.

Souvenez-vous, dans le chapitre 2, je soulignais l'importance de tisser des liens avec des gens qui comptent. Pour cela, il faut avoir deux angles d'attaque.

▪ *Intéressez-vous aux gens.* J'espère que vous êtes suffisamment à l'aise en société pour vous intéresser aux autres – sinon, de grâce, apprenez à le faire. Avoir un terrain d'entente avec d'autres crée de vraies connexions basées sur des centres d'intérêt communs. Posez des questions – assurez-vous que ce sont les bonnes et préparez-les à l'avance si vous devez rencontrer quelqu'un pour la première fois. Intéressez-vous à cette personne, à son entreprise, sa carrière, sa famille, ses loisirs. Si la conversation s'enraye, posez-lui une question pour relancer la discussion. L'écrivain américain Dale Carnegie a dit un jour : « Pour que les autres nous trouvent intéressants, il faut d'abord s'intéresser à eux. »

▪ *Soyez intéressante.* Faites en sorte d'être vous-même intéressante. Pour ce faire, vous devez trouver ce que j'appelle une « troisième dimension » dans votre vie. Cela ne devrait pas être quelque chose d'entièrement lié à votre travail ou à votre famille. Trouvez une cause dans laquelle vous pouvez vous engager et à laquelle vous pouvez vraiment contribuer, pas quelque chose que vous faites en dilettante.

Faites-en plus pour avoir plus de choses à dire

On suppose – ou on insinue – parfois que les gens qui réussissent dans la vie s'engagent dans des organismes à but non lucratif pour « donner à leur tour ». Mais je pense que, pour espérer un jour avoir du succès, il faut d'abord s'investir dans une cause n'ayant aucun rapport avec son foyer et sa famille.

Quand vous serez assise à côté d'une personne influente à un dîner, quand vous croiserez quelqu'un d'important dans un avion, quand vous passerez un entretien d'embauche, c'est la troisième dimension de votre vie qui fera la différence, marquera les gens et vous rendra intéressante. Si vous avez un métier très original et très exotique, cela suffira peut-être (bien que, si vous êtes pole-danseuse ou agent secret, vous n'aurez peut-être pas envie de le dire), mais je vous parie que votre expérience professionnelle ne suffira pas à maintenir à flot la conversation ou à intéresser quelqu'un de plus qualifié que vous. C'est surtout vrai en début de carrière.

Même si votre famille tient une place importante dans votre vie, ce n'est souvent pas un bon sujet de conversation. En fait, quand les années passeront et que vous aurez des enfants, ce genre de discussions peut même être assommant. Il y a peu d'hommes d'affaires, ou même de femmes d'affaires, qui ont envie de se retrouver coincés à côté de quelqu'un qui ne parle que de son travail et/ou du coût des aliments bio pour bébé.

Au début de votre carrière, quand vous vous inscrirez dans une université, la troisième dimension sera capitale, et elle le restera pour toujours. Si certaines universités demandent des preuves d'une « troisième dimension », c'est pour une bonne raison. Si les bonnes notes en disent long sur les candidats, elles ne suffisent pas à les faire sortir du lot. Barry Taylor, le directeur de la communication de l'université de Bristol, dit :

> Si vous voulez étudier l'anglais dans une grande université, vous devrez avoir des auteurs préférés et connaître leurs idées. Vous pouvez même être *passionné* (accent d'intensité) au point de diriger un club de lecture ou d'avoir déjà écrit vous-même des textes.

Pour illustrer comment l'original et l'inhabituel (ainsi que le personnel) marquent les gens, lisez cette liste :

1. Taux d'intérêt
2. Service volontaire auprès des victimes de la traite des personnes
3. Mariage royal
4. Politique étrangère américaine
5. Changement climatique.

Fermez les yeux vingt secondes, puis ouvrez-les et récitez cette liste.

Je parie que vous allez vous rappeler du service volontaire auprès des victimes de la traite des personnes.

Votre troisième dimension n'a pas besoin d'être dans le monde caritatif. Cela peut être dans un sport : je connais une femme très brillante qui a joué au hockey à un très bon niveau jusqu'à quarante ans ; et une femme d'une vingtaine d'années qui est un as du poker et passe régulièrement ses vacances à faire le circuit des tournois. Le sport est une troisième dimension tout à fait acceptable – si vous avez un assez bon niveau ou si vous vous y impliquez sur le plan administratif.

Lucy Pearson, quarante ans, est la formidable directrice d'une école secondaire mixte réputée près de Manchester : la Cheadle Hume School. Elle y est arrivée durant l'été 2010. C'est la première fois qu'elle dirige une école bien qu'elle ait occupé des postes élevés dans deux autres écoles célèbres avant celle-là. Elle est diplômée de l'université d'Oxford et, d'après les informations dignes de foi de Coût de Cœur n° 1, c'est une professeure d'anglais très impression-nante. Mais moins d'un tiers de sa fiche Wikipédia parle de sa carrière de professeur car elle fait partie de l'équipe féminine de cricket d'Angleterre et est devenue championne du monde face à l'Australie en 2003 en prenant onze guichets en un seul match amical. Cette « troisième dimension » a marqué tous les entretiens d'embauche qu'elle a passés et lui a énormément appris en termes de management et de travail d'équipe.

Je suis sûre qu'elle aurait fait une belle carrière de prof et de directrice si elle n'avait pas fait de cricket – mais je suis aussi sûre que le cricket l'a aidée à sortir du lot quand sa carrière de prof était encore balbutiante.

Vous aimez un sport mais vous n'êtes pas suffisamment forte pour le faire à un haut niveau ?

Devenez arbitre. Entraînez une équipe. (Et, désolée, mais si vous allez aux pots du club de foot local une fois par mois ou regardez le tennis à la télé, cela ne suffit pas – cela ne vous rend pas assez intéressante.)

Sachez aussi, et c'est important, que la troisième dimension est quelque chose dont les employeurs comme les collègues comprennent la valeur. J'ai fait un discours à ce sujet à la Women in Business Conference de la London Business School[26], et l'assistance m'a confirmé qu'on posait de plus en plus de questions sur la troisième dimension dans les entretiens d'embauche.

Par pitié, ne dites pas que votre travail vous prend trop de temps pour cela.

Souvenez-vous d'Helena dont j'ai parlé en début de ce chapitre.

Elle est P-DG de Newton, spécialiste des marchés boursiers de la gestion d'actifs de la branche anglaise de BNY Mellon et gère 50 milliards de livres, soit environ 63 milliards d'euros. Elle est devenue P-DG en 1994 à trente-cinq ans. Et, pour couronner le tout, elle est directrice de l'Investment Management Association (un organisme professionnel) au Royaume-Uni et représente le secteur de la gestion de fonds au Practitioner Panel, un panel d'experts) à l'Autorité des services financiers du Royaume-Uni.

Et elle arrive à s'investir dans la Royal Academy et le 30 % Club.

Alors, c'est quoi, votre excuse ?

---

26. Conférence sur les femmes dans les affaires.

Si vous pensez mettre en avant vos obligations domestiques, oubliez. Helena a – tenez-vous bien – neuf enfants ! Cela m'épuise rien qu'à l'écrire. Vous serez sans doute stupéfaite d'apprendre que c'est avec un seul mari – mais le plus impressionnant, c'est qu'elle a fait cela en se faisant aider par une seule et unique nourrice. Elle admet que sa maison est gérée « comme un camp militaire ». Et elle a la chance que son mari l'aide et soit père au foyer – mais, même ainsi, cela ne doit pas être évident de trouver du temps pour la troisième dimension.

Donnez au lieu de recevoir

Vous pensez être déjà très intéressante ?

Parfait.

Mais, même si c'est le cas, il y a une autre raison pour laquelle vous devriez ajouter une troisième dimension à votre vie. Cela vous aidera à construire votre propre réseau régénératif (dont je parle dans le chapitre 2). Regardez qui siège dans les conseils des organismes à but non lucratif. Dans l'ensemble, ce sont des gens que tout le monde rêve de rencontrer et d'avoir dans son cercle de connaissances ou de soutiens.

Quand on se fait un réseau, il est important de donner plus qu'on ne prend, comme souligné dans le chapitre 2.

Les jeunes femmes qui commencent leur carrière me demandent souvent quoi offrir à des personnes plus âgées, plus confirmées et plus brillantes qu'elles, qu'elles ont rencontrées et avec qui elles voudraient garder des liens. À mon avis, il faut trouver leur troisième dimension (si vous n'avez pas fait les recherches nécessaires avant de les rencontrer) et leur proposer de les y aider.

À tout le moins, vous pouvez vous porter volontaire pour un événement caritatif.

Quand je rencontre quelqu'un qui m'impressionne, et que j'ai envie de passer plus de temps avec lui pour l'avoir parmi mes contacts, je me demande : « Que puis-je faire pour lui ? » Même si vous sortez de l'université, c'est comme cela qu'il faut raisonner.

Vous avez remporté un concours international de piano ?

Vous avez fait le tour du monde à la voile en solitaire ?

Vous avez gagné votre premier million à vingt et un ans ?

Même si vous êtes déjà terriblement intéressante et que vous avez déjà un excellent réseau d'amis et de contacts, aider quelqu'un que vous venez de rencontrer à gérer sa troisième dimension est un très bon moyen de l'aider – de donner au lieu de recevoir.

Servez-vous de votre troisième dimension pour intégrer un conseil d'administration

Il y a une autre raison, surtout quand on est une femme, pour avoir une troisième dimension où on progresse aussi.

Il faut plus de femmes pour siéger dans ou être à la tête des conseils d'administration des organismes à but non lucratif. En intégrant ce genre de conseil d'administration, vous acquerrez les compétences et l'expérience nécessaires pour évoluer dans un tel environnement. Cela nécessite plus de conseils que d'actions, et de la diplomatie. Les conseils d'administration d'organismes à but non lucratif, surtout les plus grands, fonctionnent comme les conseils d'administration des entreprises cotées en bourse : elles ont des comités, elles doivent trouver et engager de nouveaux fiduciaires, elles doivent élire des présidents et nommer des P.-DG. Toute cette expérience vous servira quand vous postulerez au dans le conseil d'administration d'une société commerciale car vous acquerrez les compétences, mais aussi l'assurance nécessaire pour votre entreprise à vous… ou toute autre grande entreprise.

Et on a vraiment besoin de plus de femmes dans les conseils d'administration au Royaume-Uni et ailleurs.

Au Royaume-Uni, environ 12 pour cent des membres des conseils d'administration des cent plus grandes sociétés anonymes sont des femmes – et si on exclut les directeurs non exécutifs, c'est plus proche de 6 pour cent. Aux États-Unis, la représentation des femmes dans les conseils d'administration des 500 entreprises de l'indice Standard & Poor était de 16% en 2011, selon l'analyse annuelle de Bloomberg Rankings.

C'est pour cette raison qu'Helena a fondé le 30 % Club au Royaume-Uni. Elle se sert de son poste de P-DG d'un gestionnaire de fonds, et donc de son statut d'actionnaire institutionnel majeur, pour faire du lobbying et changer les choses.

❛ J'ai réalisé qu'on a une responsabilité quand on atteint un certain niveau de poste et qu'on peut l'utiliser efficacement. Je sais que Newton n'est pas une énorme entreprise, mais nous gérons 50 milliards de livres (63 milliards d'euros). Nous avons beaucoup de relations, beaucoup de fonds de pension et de clients, et je suis impliquée dans pas mal de choses liées à l'industrie. Cela signifie que des gens vont me parler, et que je dois donc être prête à en parler. ❜

Ni Helena ni moi ne sommes fans de quotas. Ils ont été créés en Norvège où il y a désormais la plus grande proportion de femmes chefs d'entreprise d'Europe. Il semble donc, à première vue, que cela marche. Pourtant aucun des chiffres publiés depuis ne montre une amélioration des performances des sociétés norvégiennes. Les fans des quotas arguent que cela aide à accroître le nombre de femmes qualifiées pour siéger dans les conseils d'administration, en faisant en sorte qu'il y ait plus de femmes expérimentées. Personnellement, je trouve que cela crée des nominations « symboliques ». Il y a un site Internet qui liste toutes les femmes nommées au FTSE 100 et à 250 conseils d'administration chaque année, et la bonne nouvelle c'est que chacune de ses femmes a été choisie pour ses compétences et son expérience, et pas simplement parce que le président devait respecter les quotas du gouvernement.

Pour qu'il y ait plus de femmes dans les conseils d'administration, il faut des présidents qui souhaitent vraiment qu'elles soient mieux représentées, et c'est que qu'Helena et nous autres, les membres du 30 % Club, essayons activement de faire. Mais cela ne suffira pas. Nous avons aussi besoin de plus de femmes prêtes à intégrer des conseils d'administration.

Comment s'y préparer ?

D'abord, lisez et suivez les conseils de ce livre. Et (c'est crucial) entrez dans le conseil d'administration d'un organisme à but non lucratif – surtout un dont les membres sont déjà directeurs de sociétés anonymes. Vous acquerrez ainsi une expérience utile, tout en améliorant votre CV, ce qui vous aidera à être prête à intégrer un conseil d'administration.

D'autres aspects de la troisième dimension prennent ensuite de l'importance. Un livre sur ce sujet parle du besoin de « se mettre entièrement sur la table », c'est-à-dire de l'utilité de tisser des liens avec les autres en parlant de sujets non professionnels – on peut apprendre à le faire en s'exerçant dans le conseil d'administration d'un organisme à but non lucratif. Cela renforce l'assurance et facilite l'empathie, car on donne beaucoup plus de soi qu'en parlant exclusivement d'affaires. Plus vous serez intéressante, plus vous y arriverez facilement. N'oubliez pas de prévoir des sujets de conversation autres que la famille ou le travail.

Bien sûr, cela aide d'avoir le gouvernement derrière soi. Au Royaume-Uni, le Davies Report paru en 2011 demandait aux conseils d'administration d'avoir au moins 25 pour cent de femmes d'ici à 2015. Ce rapport demande au Financial Reporting Council (FRC) d'amender le code du travail du Royaume-Uni pour que les sociétés cotées en bourse soient obligées de :

définir une politique sur la diversité au sein des conseils d'administration, avec des objectifs quantifiables pour la mise en place de cette politique, et la parution annuelle d'un bilan de cette politique et des progrès faits pour atteindre les objectifs.

Au moment où j'écris ce livre, le FRC hésite encore à amender le code du travail bien qu'il reconnaisse que le manque de femmes dans les conseils d'administration :

peut affaiblir les conseils d'administration en encourageant la pensée de « groupe » [...] peut démontrer une incapacité à exploiter le bassin de talents [...] et peut conduire à une pauvre [...] connaissance et une pauvre compréhension des clients et des employés, et ne pas encourager suffisamment les femmes à être plus ambitieuses.

Cette initiative, plus l'obligation de publier leurs objectifs et les démarches faites pour les atteindre, est, à mon avis, beaucoup plus efficace que les quotas auxquels je suis résolument opposée. Personnellement, je n'aspire pas à siéger au conseil d'administration d'une SA – je peux atteindre tous mes buts et mes objectifs professionnels sans le faire, et les responsabilités légales et financières de ce genre de poste ne me font pas rêver. J'en ai déjà assez dans mon entreprise et chez moi.

Mais j'ai vraiment envie de voir plus de femmes dans les conseils d'administration car je pense que ce sera très bénéfique pour les deux (les femmes et les conseils).

À l'échelle de l'Europe, la Commission Européenne a adopté une « Stratégie pour l'Égalité entre les Femmes et les Hommes – 2010-2015 » en septembre 2010. Une des artisanes de cette stratégie, Viviane Reding, commissaire à la justice, a demandé à toutes les sociétés de s'engager à avoir au moins 30 pour cent de femmes dans leur conseil d'administration d'ici à 2015, et 40 pour cent d'ici à 2020.

Une étude du Corporate Women Directors International[27] montre que les États-Unis arrivent derrière des pays comme la Bulgarie, la Lettonie et l'Afrique du Sud pour le taux de représentation des femmes dans les conseils d'administration. Le seul rayon de soleil vient de certaines sociétés (comme American Express, Cisco, Deloitte, Morgan Stanley et Intel) qui testent des programmes pour donner à des femmes très performantes des outils et des aides pour accéder à des postes de haut niveau.

La professeure Susan Vinnicombe de la Cranfield School of Management s'est spécialisée dans la recherche sur la diversité dans les conseils d'administration : chaque année son département publie un rapport sur le nombre de femmes dans les conseils d'administration des 100 plus grandes entreprises du Royaume-Uni. (En voilà une qui ne doit pas manquer de sujets de conversation.) Elle a noté certaines améliorations mais pas beaucoup. Cela va sans doute finir par devenir un vrai problème. Si les choses ne s'améliorent pas de l'autre côté de l'Atlantique, on finira peut-être avec des quotas – qui conduiront très certainement à la nomination de femmes pour respecter ces quotas, et non pour récompenser leurs mérites. D'où le risque d'avoir des femmes sous-qualifiées pour le poste, ce qui n'incitera pas les hommes à changer de comportement et ne donnera pas de bons modèles aux femmes. La plupart des actionnaires se moquent complètement de savoir si une société dans

---

27. Organisation internationale de femmes chefs d'entreprise.

laquelle ils ont investi nomme un homme, une femme ou un Martien au poste de directeur non exécutif. L'important, pour eux, c'est que cette personne apporte de la valeur ajoutée en termes de rendement, de stratégie et de gestion du risque pour les actionnaires, et aide les directeurs exécutifs à obtenir le rendement le plus élevé possible sur le capital investi. Alors, si vous êtes une femme et que vous voulez siéger dans un conseil d'administration, acquérez de l'expérience en suivi du rendement, en stratégie et en gestion du risque – et utilisez-la dans votre travail et dans le conseil d'administration d'un organisme à but non lucratif.

Nous arriverons à faire augmenter le nombre de femmes dans les conseils d'administration, pas seulement en répondant à un besoin, mais aussi en récompensant des femmes tenaces et expérimentées, comme feu Hilary Cropper que j'admirais tant. Hilary était la présidente de Xansa, un groupe informatique cent pour cent féminin. Elle œuvrait aussi avec brio pour l'égalité des chances sans jamais vouloir polémiquer sur les différences homme / femme, ce qui est tout à son honneur.

C'est ce qui finira par arriver avec des tas d'autres personnes qui ne seront pas des Blancs, pas des hommes et qui n'auront jamais joué au golf avec le président.

Comme on peut le lire en page seize de l'élégante brochure *Brighter Boards for a Brighter Future*[28] publiée par le ministère du Commerce et de l'Industrie britannique en 2004 :

C'est un long chemin. Vous ne serez peut-être pas recrutée immédiatement, mais ne renoncez pas. Continuez à acquérir les compétences qui vous mèneront un jour dans un conseil d'administration où vous savez que vous avez votre place.

---

28. Littéralement : *De meilleurs conseils d'administration pour un meilleur avenir.*

Comment ajouter une troisième dimension à votre vie ?

Il est parfois difficile d'ajouter une troisième dimension à sa vie. Surtout quand on démarre à peine sa carrière.

Voici quelques conseils utiles pour commencer :

Ne vous lancez pas dans un domaine que vous ne connaissez pas

On devrait toutes connaître deux ou trois choses sur certains sujets, avoir quelques notions sur les grands classiques – en art, en musique, en littérature. Et on devrait toutes s'intéresser à l'histoire et à la politique.

On devrait toutes être au courant de l'actualité. Les compendiums m'y aident beaucoup surtout quand je manque de temps. J'essaie au moins de lire chaque semaine :

- Les pages de synthèse de *The Economist* (« The Week in Business » et « The Week in Politics »)
- La synthèse de la semaine du *Spectator* et
- La page d'accueil du site de la BBC (que j'essaie de lire tous les jours).

Inspirez les gens et transmettez-leur un peu de votre enthousiasme

En partant du principe que vous êtes raisonnablement cultivée, vous devez quand même avoir une troisième dimension qui vous différencie des autres. Dans l'idéal, cela devrait être un domaine auquel vous vous intéressez vraiment et qui soit en même temps bon pour votre carrière. Dans un entretien avec Oprah Winfrey[29] en 2009, Maya Angelou disait : « J'ai appris que les gens finissent pas

---

29. Célèbre journaliste américaine.

oublier ce qu'on leur a dit et ce qu'on a fait, mais qu'ils n'oublient jamais ce qu'ils ont ressenti en notre présence. »

Pour bien commencer, faites une check-list avant de décider où passer votre temps libre en dehors de votre travail et de votre maison. Voici la mienne.

- Est-ce un domaine qui me passionne ? (Briller en société implique de savoir parler de façon compétente d'un centre d'intérêt – et cela dépend du degré d'enthousiasme, d'intérêt, d'énergie et d'assurance que vous en tirez. Cela se verra quand vous en parlerez)
- Est-ce compatible avec mon travail ? (Par exemple, je ne proposerais pas forcément mon aide à Amnesty International si je travaillais pour un fabricant d'armes)
- Cela va-t-il me permettre d'apporter une vraie valeur ajoutée à cet organisme ?
- Cela va-t-il me donner une bonne notoriété publique ? (voir chapitre 9)

En 2000, je me suis servie de cette check-list pour évaluer une organisation qui s'appelait Tomorrow's People qui œuvre pour les chômeurs longue durée. Je me sens très concernée par l'exclusion sociale et la nécessité d'élever le niveau des aspirations des gens (et surtout des femmes) et de les aider à accroître leur confiance en eux pour qu'ils puissent retrouver un travail et contribuer de façon positive à l'économie. Le secteur de l'emploi cadrait parfaitement avec mon travail et, la première année, j'ai donc proposé mon aide un après-midi tous les quinze jours dans un centre de conseil du sud de Londres et j'ai apporté (je l'espère) une vraie valeur ajoutée.

Je suis passée du stade de volontaire à celui de membre de la commission du développement pour finalement entrer au conseil d'administration, ce qui m'a ensuite fait rencontrer de nombreux et importants bailleurs de fonds et donc, à accroître ma notoriété.

J'ai donné beaucoup de mon temps et, plus tard, de mon argent à cet organisme. J'y ai aussi amené mes contacts. Mais je tiens vraiment à les remercier pour le coup de pouce que mon implication dans Tomorrow's People a donné à ma carrière.

Comment ai-je trouvé Tomorrow's People ?

J'ai demandé à quelqu'un que je connaissais et que je respectais à qui je devais donner du temps et de l'énergie en lui précisant que je m'intéressais plus aux associations caritatives du Royaume-Uni (il y a beaucoup de causes nobles ailleurs, mais je préférais commencer chez moi) et plutôt à l'exclusion sociale qu'au domaine médical.

Je ne saurais que trop vous recommander de chercher une troisième dimension comme si vous cherchiez un nouveau travail – ou même un nouveau fiancé.

Demandez aux gens à qui vous faites confiance de vous faire des suggestions.

Voyez grand

Quand vous aurez trouvé quelque chose, pensez à plus grande échelle. Par exemple :

- l'importance culturelle sur le plan national
- l'importance écologique, ou
- la sphère internationale.

Il y a toujours un contexte plus large. Ayez conscience de sa portée globale et de qui en sont les principaux acteurs – que ce soient des organismes ou des personnes.

Laissez-moi vous donner un exemple.

Vous vous intéressez à l'art ?

Savez-vous quelles œuvres d'art risquent de partir à l'étranger, pourquoi, et ce qu'il faut faire pour les sauver ?

Savez-vous ce qui se vend aux enchères, et à quel prix ?

En connaissant les réponses à ces questions, vous deviendrez très intéressante.

Il y a des tas d'organismes artistiques que vous pouvez aider. Examinez la composition des conseils d'administration de toutes les grandes institutions artistiques – les gens les plus prospères et les plus influents s'intéressent à l'art et à la culture. Le musée d'Art Moderne de New York, par exemple, compte pas moins de trois Rockefeller dans son conseil d'administration. Au Royaume-Uni, les administrateurs de la Tate Gallery sont, entre autres, Elizabeth Murdoch et Lionel Barber, le rédacteur en chef du *Financial Times*.

Il est toujours utile de voir à grande échelle.

Très tôt dans votre carrière, si vous faites tout pour être intéressante et intéressée, vous verrez apparaître des opportunités – dans le domaine du sport, de l'environnement, de l'éducation, de la santé et dans bien d'autres organismes et secteurs. Commencez par proposer un peu de votre temps et de votre sens de l'organisation – tout le monde sait que les jeunes n'ont pas beaucoup d'argent. Votre capital humain – vos compétences – est aussi important. Tous les organismes de charité et à but non lucratif ont besoin de membres bons en finance, en droit, en ressources humaines. Vous pouvez être certaine qu'on acceptera avec joie vos compétences et votre expérience, si vous avez investi dans votre capital humain.

Votre capital social a autant d'importance. En attendant le jour lointain où vous pourrez vous-même faire un gros chèque, vous pouvez sans doute inviter des gens susceptibles de le faire à une soirée caritative.

L'une des choses les plus utiles que vous pouvez faire, même à un stade relativement précoce de votre carrière, c'est de rentrer dans un conseil d'école. Mais dans une petite école primaire, il y aura toujours des problèmes de management, d'affectation des ressources, de personnalités, etc. Cela vous fera un excellent entraînement pour plus tard – et, en attendant, vous mettrez à disposition de l'école des compétences dont elle a besoin.

Ce chapitre ne parle que de travail volontaire pour faire avancer votre carrière.

Tout cela vous paraît peut-être très intéressé ?

Vous pensez que la plupart des bénévoles le font pour le bien de l'organisme qu'ils aident et des gens qui en bénéficient ?

Bien sûr que oui.

Mais ils ont bien réfléchi à la façon de le faire et à la cible de cette dépense de temps et d'énergie – qui aura des retombées positives pour leur carrière et vice versa.

Le travail d'Helena Morrissey à la Royal Academy et le parrainage avec sa société lui ont permis d'inviter les clients de Newton à des événements auxquels ils n'auraient normalement pas eu accès. Son action est donc à la fois bénéfique pour la Royal Academy et pour son employeur. En trouvant une troisième dimension qui peut vous aider ou aider votre carrière, votre entreprise ou d'une certaine façon votre famille, vous créerez un cercle vertueux qui profitera à tout le monde.

Je vous ai expliqué comment le fait d'ajouter une troisième dimension à votre vie va vous aider à devenir plus intéressante, à accroître votre réseau et, au final, à acquérir des compétences et de l'expérience qui vous serviront dans votre carrière. Mais si vous voulez vraiment aider les gens moins bien lotis que vous, vous devriez lire ce livre et vous concentrer sur votre carrière – et à tous ses aspects et pas seulement dans le domaine caritatif.

Pourquoi ?

Parce que le meilleur moyen d'aider les pauvres, c'est de faire en sorte de ne pas le devenir.

DEVOIRS POUR FEMMES AMBITIEUSES

Au début de votre carrière

Comment trouver une troisième dimension ?

Écrivez les choses qui vous intéressent dans tous les domaines : sport, art, recherche médicale, questions sociales. Ce sont tous d'éventuelles troisièmes dimensions.

Maintenant, choisissez-en un et cherchez les organismes concernés.

Sont-ils présents aussi bien à l'échelle nationale que locale ?

Même si la réponse est non, proposez-leur votre aide – et respectez votre engagement comme pour vous laver les dents ou aller à la gym. (En fait, oubliez la gym. Chaque fois que je me promets d'aller à la gym, j'échoue.)

Voulez-vous participer à la gestion d'une école ?

Dans ce cas, intégrez un conseil d'école.

En milieu de carrière

Passez en revue toutes les troisièmes dimensions dans lesquelles vous êtes impliquée

Si vous n'en avez pas, faites le devoir ci-dessus.

En avez-vous plus de deux ?

Si oui, vous devez vous fixer des priorités. Passez en revue tous vos objectifs et priorités personnelles pour voir s'ils cadrent avec ces troisièmes dimensions. Dans l'idéal, vous ne devriez en avoir que trois (au plus) :

■ une à laquelle vous consacrez beaucoup de temps, votre « principale » troisième dimension

■ une à laquelle vous consacrez un peu de temps ; et

■ une à laquelle vous ne consacrez presque pas de temps.

Oubliez tout le reste, car vous en faites sans doute trop – à moins
que vous ayez une équipe assez grande à qui les déléguer.

Moins de dix ans avant la retraite

Faites de votre troisième dimension votre futur métier

Si vous aviez suffisamment d'argent pour prendre votre retraite,
dans quelle troisième dimension aimeriez-vous passer le plus de
temps ?

Y a-t-il des postes à temps partiel ou bénévoles dans ce domaine ?

Avez-vous besoin d'avoir un diplôme ou une expérience spéci-
fiques pour ce travail ?

Il est temps de réfléchir à la façon de les obtenir.

CHAPITRE 9

FAITES VOTRE AUTOPROMOTION

Chaque femme devrait passer 5 pour cent de son temps à faire son autopromotion.

« Pendant des siècles, 'Anonyme' était une femme », a dit Virginia Woolf.

Il est temps que cela change.

Cela ne va pas plaire à celles d'entre vous qui n'aiment pas l'auto-promotion. On peut en effet, toutes, nommer des hommes qui semblent passer 55 pour cent de leur temps à s'occuper de leurs propres relations publiques – et on ne veut pas leur ressembler.

Pourquoi est-si important de faire son autopromotion ?

D'après une recherche effectuée en 2009 :

> Les femmes sont intimement convaincues que, si elles font du bon travail, elles seront promues, reconnues et récompensées […] (mais) pour accéder à des postes de direction […] il faut plus que bien travailler.

Cela ne suffit pas de bien faire son travail – il faut faire en sorte que cette réalité se sache. Les femmes ignorent souvent ce point, car elles ne supportent pas l'autopromotion. La consultante en marketing américaine Kelly Watson classe ces mythes néfastes en quatre catégories. À vous de voir s'ils vous évoquent quelque chose.

■ Le mythe de la salope (« faire son autopromotion rend arrogant »)

■ Le mythe de la princesse (« Si je suis suffisamment bonne, les gens le sauront »)

■ Le mythe des amis et de la famille (« D'autres que moi devraient vanter mes mérites »)

■ Le mythe de la martyre (« De toute façon, on ne peut pas contrôler ce que les gens pensent »)

Quel(s) mythes(s) vous correspond(en)t ?

Quand on demande à Melanie Healy, Présidente Amérique du Nord de Procter & Gamble, de donner un conseil aux jeunes femmes, elle répond :

❛ (Chez) Procter & Gamble, nous utilisons souvent un modèle que nous appelons le PIE : se concentrer sur les Performances (obtenir les meilleurs résultats possibles), l'Image (se construire une image positive et durable, une bonne réputation, une bonne crédibilité, ce qui implique une grande intégrité) et l'Exposition (faire en sorte de se faire suffisamment connaître pour monter au prochain niveau). ❜

Vous remarquerez que deux des trois axes de ce modèle concernent les relations publiques – se construire une image et attirer l'attention.

Alors commencez par écrire la liste des choses auxquelles vous voulez être associée et pour lesquelles vous voulez être connue.

Très performante, bien sûr, mais quoi d'autre ?

La solidarité ?

La générosité ?

Une expertise dans un domaine particulier ?

Un excellent carnet d'adresses ?

Dans l'ensemble, quelle image voulez-vous donner de vous ?

Une fois que vous aurez mis au point votre message, il faudra le transmettre. Dans une campagne de relations publiques bien pensée et soigneusement orchestrée, les canaux de distribution sont aussi importants que le message lui-même.

Faites en sorte qu'Internet œuvre pour vous et pas contre vous

En cette seconde décennie du xxie siècle, Internet est un puissant moyen de diffusion de l'information.

Que peut-on trouver sur vous sur Internet ?

Les plus jeunes d'entre vous qui me lisent (et les plus vieilles !) ont probablement Facebook, LinkedIn, Twitter ou autre page communautaire. Ces pages, et tout ce qu'elles comportent, sont-elles en phase avec l'image que vous souhaitez donner de vous ?

Vos profils contiennent-ils des photos ou des commentaires qui pourraient nuire à votre future réputation ?

Je trouve sidérant de voir des étudiants, qui doivent faire face au pire marché de l'emploi depuis longtemps et qui ont de plus en plus de mal à trouver des stages, poster – délibérément – des photos d'eux sur Internet à différents stade de déshabillement ou d'ébriété.

Et ne me parlez pas des messages que certains postent sur Twitter !

LinkedIn

Tenez votre profil LinkedIn à jour et mettez-y clairement en avant les qualités qui pourraient intéresser vos éventuels employeurs. N'oubliez pas que LinkedIn est votre CV en ligne – un bilan personnel sur Internet.

Mettez-y tous vos emplois, tous vos succès ainsi que les récompenses et les caractéristiques qui vous différencient des autres.

Vous parlez quatre langues ?

Vous tenez un blog suivi par des milliers de lecteurs ?

Eh bien, LinkedIn vous offre un espace pour promouvoir cela (n'oubliez pas la fameuse « troisième dimension » dont nous avons parlé). Si possible, demandez à vos clients et anciens collègues de vous faire des mots de recommandation. À une époque de plus en plus dominée par Internet, avoir un profil en ligne est aussi important qu'avoir un chargé de relations publiques.

Alertes Google

Pour mieux surveiller votre profil en ligne, créez une alerte Google à votre nom. Si un ami poste une photo inappropriée, demandez-lui de l'enlever. Si quelqu'un écrit quelque chose de faux et de dévalorisant sur vous, essayez de le faire modifier ou retirer. Mais on ne peut pas toujours tout contrôler, surtout quand on devient connue et qu'on avance dans sa carrière.

Je me souviens de la première fois où quelqu'un a posté quelque chose de vraiment déplaisant sur Mrs Moneypenny sur Internet. Je m'étais habituée aux commentaires injurieux postés à la fin de mes articles où j'exprimais des opinions très personnelles, mais lire un article déplaisant sur moi est une tout autre affaire. Les personnes à qui j'ai demandé conseil m'ont dit ne pas m'embêter à essayer de rectifier le tir, sauf si c'était diffamatoire, car cela n'en valait pas la peine. À la place, je me suis arrangée pour que les avis positifs sur Mrs Moneypenny augmentent, histoire de rééquilibrer les choses.

Le canal de distribution le plus important pour vous... c'est vous

Vous trouvez peut-être enfantin d'aborder la question de l'auto-promotion par des réflexions sur l'apparence, mais c'est aussi important que de se créer un profil en ligne. Exploiter ce que j'appelais plus haut le « capital érotique », une expression validée par la très cultivée Catherine Hakim, qui va au-delà de l'attrait sexuel car il inclut :

> une capacité à être charmante et sociale, une bonne condition physique et de la vitalité [...], une capacité à se mettre en scène notamment avec du maquillage, une coiffure, des vêtements et toutes autres formes de parure.

Je pense plus à Michelle Obama qu'à Pamela Anderson.

Regardez les hommes ambitieux qui réussissent dans la vie – ils ne décrochent jamais un poste juste parce qu'ils sont incroyablement beaux ou séduisants mais parce qu'ils s'arrangent, volontairement ou pas, pour ne jamais paraître négligés. En faisant en sorte d'être correctement habillés et soignés, ils évitent de se faire juger sur l'apparence.

C'est beaucoup moins évident pour les femmes d'échapper au facteur « apparence » dans leur carrière, car il n'y a pas d' « uniforme » standard comme les cheveux coupés court, une chemise et une cravate. Mais n'oubliez pas que la plupart des gens jugent les autres en trente secondes. Votre look, votre façon de parler et de collaborer – tout contribue à vous faire gravir les échelons.

Les habits du succès

J'ai un jour été consultée par une jeune femme travaillant dans un cabinet de services professionnels qui voulait devenir associée.

Elle avait beau s'investir à fond dans son travail, donner le maximum et avoir déjà appliqué tous les conseils que je donne dans ce livre, elle n'avait pas été sélectionnée. Elle était assise en face de moi, en pleurant sur son sort, à me demander ce qu'elle pouvait changer.

Parmi les changements qu'elle pouvait effectuer, je lui ai suggéré de s'habiller comme une associée de son cabinet. Je lui ai demandé de me décrire le look des femmes qui étaient déjà associées.

Combien d'entre elles montraient autant leurs seins qu'elle ?

Et combien portaient ces couleurs vives et inappropriées qu'elle avait choisies ce jour-là pour venir me voir ?

Je le dis et je le répète : les vêtements comptent.

Ma collègue Vanessa Friedman du *Financial Times* a écrit un article l'an dernier sur l'importance du look pour les femmes politiques. Cela concerne bien sûr toutes les femmes ambitieuses – qu'elles aient envie de faire carrière dans la politique, dans le commerce ou dans un organisme sans but lucratif. Vanessa rappelait que :

> avant d'écouter un discours ; avant d'avoir décidé qui a gagné ou perdu un débat ; avant de voter, on s'est déjà fait une opinion, une opinion basée essentiellement sur ce qu'on suppose en voyant quelqu'un – à commencer par ses vêtements.

C'est aussi vrai pour les hommes que pour les femmes.

Mettez de l'ordre dans votre garde-robe – et dans les chaussures avec lesquelles vous pouvez vraiment marcher.

Trouvez-vous des modèles.

Que portent ces femmes ?

Je suis en train d'écrire à côté d'un numéro du *Financial Times* avec une photo de Christine Lagarde, la présidente du FMI, que j'ai rencontrée à quelques occasions. Elle porte un ensemble bleu marine, un top crème et de discrets bijoux en diamant – elle est élégante et professionnelle.

Vous préférez peut-être les vêtements originaux, et les considérez comme un moyen d'exprimer votre personnalité, mais je vous conseille, dès le plus jeune âge, de vous habiller comme si vous envisagiez d'être un jour haut placée.

J'ai acheté mon premier carré Hermès à vingt-six ans. J'avais remarqué que toutes les femmes dont je m'inspirais portaient des carrés Hermès. (Depuis, j'en ai accumulé des tas d'autres et aussi un livret, publié par Hermès, et disponible sur demande en boutique, intitulé *Comment porter un carré Hermès* que je recommande chaudement aux femmes ambitieuses !).

La meilleure chose que j'ai faite dans ma vie, c'est de demander de l'aide. Je suis allée dans une boutique où je savais qu'il y aurait des vêtements qui me plairaient, à la fois classiques et professionnels, et j'ai demandé à quelqu'un de m'aider. Cela m'a fait gagner du temps (elle m'a mis dans une pièce des tas de vêtements à essayer, ce que j'ai fait un soir après le travail) et de l'argent (en ne faisant pas de mauvais achats). J'y vais maintenant régulièrement avec une ou deux amies passer une heure environ, le soir, avec un personal shopper.

Considérez votre garde-robe comme un investissement important pour votre carrière. Si vous faites les bons choix, le retour sur l'investissement sera bien supérieur aux coûts – et cela vous donnera peut-être le courage de jeter cette minijupe vert fluo.

Trouvez la bonne coiffure

Si vous vous dites qu'en encourageant les femmes ambitieuses à soigner leur look, je leur fais faire un pas en arrière, vous risquez de ne pas aimer la suite.

La coiffure compte aussi.

En 2001, Hillary Clinton était l'oratrice de la 300e remise de diplômes de l'université Yale. Vêtue d'un tailleur pantalon bleu, elle était debout face à une foule de presque 20 000 personnes et a parlé de services publics, de questions touchant les enfants et de la crise mondiale du Sida.

Mais quelle est la partie la plus citée de son discours ?

De quoi se souviennent les gens ?

La sénatrice et première dame de l'époque leur a dit, d'un ton très sérieux :

> La chose la plus importante que je dois vous dire aujourd'hui concerne les cheveux. C'est une leçon de vie que ma famille ne m'a pas apprise. L'université Wellesley et l'école de droit Yale ont (aussi) oublié de le faire. Votre coiffure transmet des messages importants à votre entourage […]. Faites attention à votre coiffure car tout le monde le fera.

Il y a plus grave dans la vie que les cheveux, mais c'est à cela qu'il faudrait penser en premier quand on réfléchit à son look.

Pour les hommes, c'est facile, n'est-ce pas ?

Si les hommes ont parfois des problèmes de follicules, au moins ils ne se ruinent pas à entretenir le peu de cheveux qu'ils ont. Nous, les femmes, devons faire attention à la coupe, à la couleur, au style et, pour celles d'entre nous qui doivent de temps en temps apparaître en public, à notre brushing.

Je sais de source bien informée que la princesse Diana se faisait coiffer tous les matins. Pareil, apparemment, pour Anna Wintour, la rédactrice en chef du *Vogue* américain.

Bien sûr, on ne peut pas se permettre cela en début de carrière. Mais on peut chercher une coupe et une couleur faciles à entretenir. Au lieu d'investir dans une nouvelle robe, vous avez peut-être intérêt à vous offrir un lissage brésilien si vous avez les cheveux frisés. Si vous avez le genre de cheveux qui ont l'air tellement plus beaux quand quelqu'un d'autre les a séchés, confiez si possible votre tête à un coiffeur avant chaque rendez-vous important.

Avant, je détestais perdre mon temps chez les coiffeurs, mais ils augmentent considérablement ma confiance en moi – et ont des prises de courant partout dans leur salon ce qui me permet de travailler. Pour gagner du temps, je ne saurais que trop vous conseiller de faire venir votre coiffeur à vous – mais c'est un luxe que peu de femmes peuvent s'offrir. Autre suggestion plus économique : ayez toujours une brosse sur vous. Avant des présentations (ou même d'entrer dans une salle de réunions), filez aux toilettes deux minutes et recoiffez-vous.

C'est gratuit – et cela changera énormément le regard des autres sur vous.

L'ultime solution est sans doute de vivre avec son coiffeur – comme Julia Gillard, la Première ministre d'Australie. Ou arrangez-vous pour que votre fille en épouse un. J'ai récemment rencontré la belle-mère du gourou capillaire Frédéric Fekkai.

Quand sa fille lui a présenté Frédéric, à quel moment, lui ai-je demandé, a-t-elle calculé la valeur nette de vingt ans d'économies de coiffeur, fermé la porte et appelé le curé ?

Parce que c'est ce que j'aurais fait !

Ne négligez pas les essentiels du quotidien

Vanessa Friedman a cité la tirade d'Hillary Clinton sur la coiffure dans son article, accompagnée de ce commentaire :

> Réfléchissez : avant de se présenter à la présidence du Brésil, Dilma Rousseff s'est fait refaire les dents et les yeux et éclaircir la peau. Elle a aussi embauché le styliste Alexandre Herchcovitch en tant que consultant – et pendant les élections, personne n'a rien dit. Son apparence comptait vraiment.

Les yeux, les ongles, les sourcils, le duvet sur le visage – tout doit être surveillé de près. Je considère cela comme de la maintenance, un investissement nécessaire pour que mon apparence ne soit pas un frein à ma carrière.

Voici le matériel qu'à mon avis, toute femme ambitieuse devrait toujours avoir dans son sac à main pour rester fraîche toute la journée :

- Un anticerne
- Des collants de rechange
- Du rouge à lèvres
- Une brosse.

Gardez en tête le message que vous essayez de faire passer (à la fois dans la vraie vie et sur Internet) pour être toujours au top.

Vous devez être visible auprès des bonnes personnes

Voici pourquoi la leçon du chapitre 2 est si importante.

Une des directrices citées dans le rapport de Catalyst aux États-Unis sur les femmes dans les conseils d'administration disait :

❛ Montrez-vous dans un environnement où on peut vous voir agir [...] on vous considérera alors comme une candidate et ce, beaucoup plus rapidement que si vous frappez à la porte de quelqu'un pour lui donner votre CV. ❜

Ces réseaux stratégiques sont souvent vastes (et incluent de vagues connaissances qui soumettent des candidatures de femmes aux conseils d'administration), professionnels et communautaires. Une autre directrice a aussi fait remarquer à cette occasion que, malgré la prolifération des cabinets de chercheurs de têtes, la plupart des nouveaux membres des conseils d'administration sont toujours issus des réseaux internes.

Devenez une chef de file

Posez-vous deux questions cruciales.

Allez-vous dans les endroits où il y a les bonnes personnes ?

Avez-vous déjà été invitée à ces endroits ?

Si la réponse est non, je vous conseille de devenir la chef de file d'un domaine particulier. Peu importe que vous ne soyez qu'à un stade précoce de votre carrière – vous pouvez quand même vous spécialiser dans un sujet lié à votre métier et faire en sorte que cela se sache. Je ne vous suggère pas de raser les gens lors d'un dîner, mais peut-être de créer un blog ou d'écrire des articles dans une publication spécialisée.

Quand je suis entrée dans l'entreprise que j'ai fini par racheter il y a douze ans, j'ai réfléchi à la façon de devenir une chef de file dans mon domaine. J'ai trouvé une revue professionnelle qui couvrait ce secteur et me suis promis que j'y aurai un jour ma rubrique. J'ai fini par en avoir une – comme les revues professionnelles sont d'une pauvreté notoire, je leur ai proposé de le faire gratuitement. J'avais suffisamment de références (à l'époque, cela faisait deux ans que je tenais la rubrique de Mrs Moneypenny) pour leur prouver que je pouvais y arriver. En plus, j'ai fait deux tests pour les rassurer et leur montrer que je n'utiliserai pas leur journal pour promouvoir ma société. L'année suivante, j'ai écrit tous les mois sur des sujets sur lesquels je voulais qu'on me connaisse.

Dix ans plus tard, je ne sais pas si je m'embêterais à le faire encore.

Aujourd'hui, je créerai un site Internet où je posterai chaque semaine un billet tout en faisant connaître le reste du site avec des liens vers d'autres articles de référence et des informations disponibles en ligne. L'important, c'est d'accumuler des preuves écrites, accessibles par d'autres, de sa compétence dans le domaine qu'on a choisi. On vous demandera alors peut-être d'intervenir dans des conférences ou de participer à l'écriture d'un journal.

Je vous encourage à réfléchir très sérieusement à cette question et à trouver la meilleure façon de le faire. Si vous êtes à un stade précoce de votre carrière, je vous conseille de faire des études à temps partiel et de publier des articles en parallèle. J'ai préparé mon doctorat à temps partiel (hors des États-Unis, les étudiants se voient souvent confier des travaux de recherche à la place des cours qu'on leur propose dans les formations à plein temps) et j'avais donc accès aux archives de l'université et la possibilité de travailler avec des tas de co-auteurs.

J'ai présenté mes conclusions à des conférences universitaires (c'est très facile de les trouver et d'être inclue dans le programme). En 2008, j'ai même rejoint l'Academy of Management[30] et vu un de mes articles accepté.

Les conférences représentent une occasion unique de rencontrer des tas de gens compétents et concernés – même dans la salle d'embarquement de Heathrow où je me suis retrouvée assise à côté d'un célèbre présentateur de radio et de télé. J'avais participé à une de ses émissions l'année d'avant et j'avais eu une longue et amusante conversation avec lui, mais vous pouvez être sûre que quand quelqu'un porte des lunettes de soleil dans une salle d'embarquement, c'est qu'il n'a pas vraiment envie d'être dérangé.

Une fois à bord, un scénariste nominé aux Oscars s'est assis à ma gauche. Malheureusement, quand il a ouvert la bouche pour me parler, c'est pour me dire qu'il allait mettre la cloison de séparation.

Quelle est la règle pour les cloisons de séparation ?

Doit-on demander à son voisin si cela le gêne qu'on la mette ?

Et que fait-on si, justement, cela le gêne ?

Et si c'est votre mari ?

---

30. Association professionnelle de chefs d'entreprise.

Mais la cloison de séparation fut levée et je suis restée là à me demander si je sentais la transpiration (ou, pire, si j'avais mauvaise haleine), ou alors si je n'étais pas assez glamour ou intello pour lui – c'est peu probable, je le sais, mais on ne devrait jamais écarter ces hypothèses-là.

J'ai regardé les lectures à ma disposition :

- Le *Financial Times*
- The *Economist*
- Un manuel de pilotage de Jeremy Pratt, et
- *PowerBook* de Jeanette Winterson.

Cela donne des pistes pour faire son autopromotion – quand on lit quelque chose dans un lieu public, il faut faire en sorte que cela donne une bonne image de soi (relisez le chapitre 7 pour vous souvenir pourquoi j'ai toujours un exemplaire du *Financial Times* sur moi).

On ne sait jamais qui on peut rencontrer.

Prenez le contrôle de vos relations publiques sur votre lieu de travail

C'est quelque chose que vous devez faire, que vous soyez bien managée ou pas.

Cela ne veut pas dire mettre en copie votre chef dans tous les courriels pour lui montrer à quel point vous travaillez bien. Mais j'incite vivement les femmes qui commencent leur carrière à avoir un entretien mensuel avec leur supérieur hiérarchique. Ne considérez pas cela comme une façon de « faire l'intéressante » – mais plutôt comme une façon d'avoir des mentors, des avis réguliers. Cela signifie que vous passerez du temps en tête à tête avec votre chef chaque mois, ce qui vous permettra de lui relater les tâches que vous êtes heureuse d'avoir accomplies depuis votre dernière entrevue, quatre semaines plus tôt.

Nous sommes tous très occupés et, si vous n'y prêtez pas attention, votre chef ne verra peut-être pas tout ce que vous faites.

Si cela vous paraît un peu « rentre dedans », regardez comment font les hommes !

Dans une étude menée en 2011 auprès de 100 cadres supérieures dans les services financiers, beaucoup ont admis que les hommes étaient beaucoup plus visibles qu'elles.

Les dirigeantes ont donné des exemples de collaborateurs masculins qui trouvaient n'importe quelle excuse pour venir se montrer dans leur bureau. En revanche, elles ont expliqué qu'elles devaient coacher leurs employées pour qu'elles soient plus visibles dans leur entreprise.

Si vous voulez qu'on vous confie un travail, les consultants en communication de Steven Pearce Associates conseillent d'avoir toujours quelques études de cas sous le coude qui prouvent votre compétence et disent : « J'ai déjà été là, j'ai déjà fait cela et j'y ai apporté de la valeur ajoutée. »

Je vous recommande de faire un rapport à la fin de chacun des projets que vous avez réalisés. Dans un an, quand vous chercherez à aller dans un autre service ou une autre société, vous vous souviendrez parfaitement de ce que vous avez fait pour donner une plus-value à cette nouvelle fonction. Vous devez aussi guetter les opportunités, en interne, pour changer de services (surtout si vous êtes dans une grande entreprise) et pour vous faire connaître en interne tout en acquérant de l'expérience.

Faites plus que votre travail – impliquez-vous dans des événements, dans le marketing, le recrutement et les projets d'investissement, la responsabilité sociale de l'entreprise ou le travail bénévole. Saisissez toutes les occasions qu'on vous donne, même si elles vous paraissent dérisoires sur le coup, ou même si vous ne vous sentez pas capable de les faire.

Informez les gens importants de vos succès

Autre élément crucial de toute campagne de relations publiques : le communiqué de presse.

Je ne vous suggère pas d'envoyer des communiqués de presse sur vous-même, mais de donner tous les ans des nouvelles par écrit à des gens qui s'intéressent à ce que vous faites – en les informant de ce que vous avez fait dans l'année.

C'est particulièrement vrai pour les gens à qui vous demanderez peut-être un jour de vous écrire une lettre de recommandation. Rien n'est plus agaçant, en effet, pour un tuteur d'université que de devoir écrire une lettre de recommandation à un ancien étudiant dont il n'a plus de nouvelles depuis des années.

La meilleure chose à faire quand on est quelqu'un d'ambitieux, c'est de choisir une personne correspondant à chaque phase de sa vie, et de rester en contact avec elle. À la fin de vos études, cela peut être votre tuteur ou un prof que vous connaissez bien.

Cela peut être votre chef, ou quelqu'un avec qui vous avez étroitement collaboré, à chaque poste que vous avez occupé. En janvier de chaque année, écrivez (ou envoyez un courriel) à ces personnes pour leur raconter ce qui s'est passé professionnellement pour vous dans l'année – et même personnellement, en cas d'événement important (vous vous êtes mariée / vous avez eu un bébé).

Expliquez aux gens que vous choisissez à la fin de chaque stade de votre vie pourquoi vous voulez rester en contact avec eux – « CELA vous ennuie, si on reste en contact au cas où j'aurais besoin d'une lettre de recommandation un jour ? »

Investir régulièrement (une fois par an, c'est bien, sinon cela risque d'être pesant) dans son réseau de référents est un aspect important d'une bonne campagne de relations publiques. Si vous avez besoin d'un référent à un moment précis de votre vie et que cela fait seulement quelques mois que vous lui avez envoyé votre lettre annuelle, quand vous lui écrirez pour lui demander de vous faire un mot de recommandation, ajoutez quelques lignes pour lui expliquer vos projets et pourquoi vous souhaitez avoir ce poste.

Pensez aussi aux réseaux d'information auxquels vous avez accès naturellement : les anciens élèves de votre lycée, fac, école de commerce...

Êtes-vous en contact avec tous vos anciens camarades de classe ?

Cela nous ramène au monde de Facebook car, pour rester en contact avec les gens, Internet est vraiment un outil indispensable.

Est-ce que tous les forums tenus par vos anciennes écoles sont informées de ce que vous faites ?

Enfin, n'oubliez pas la force et la valeur, pour votre autopromotion, du nom de vos écoles et de vos facs. Dans le chapitre 1, je vous explique qu'en soutenant ses anciennes écoles, on investit dans son propre bilan : son CV. C'est aussi un moyen important de se créer un réseau et de faire sa propre communication.

Ignorez les étiquettes

Il est vrai que, dans un monde de jugements à deux vitesses (il est « rembourré », elle est « grosse » ; c'est un « homme à femmes », elle « couche à droite et à gauche », etc.), les femmes qui se mettent activement en avant peuvent se voir coller une méchante étiquette.

Ne tombez pas dans la « double impasse » souvent décrite qui consiste, pour les femmes, soit à en faire trop et à harceler les autres, soit à être trop timides et être incapables d'exprimer clairement leurs intentions.

Daisy Goodwin, productrice de télévision et romancière, s'est plainte de ce problème.

❝ Les femmes ayant des responsabilités sont décrites avec des termes péjoratifs comme « peau de vache », « passive-agressive », « râleuse », « brise-burnes » et, pire que tout, « folles » – des mots qu'on n'emploie jamais, jamais pour les hommes [...]. Les femmes sont « tyranniques » pendant que les hommes « dirigent » [...] La passion qui est perçue comme quelque chose de visionnaire chez un homme est trop souvent qualifiée d'hystérie chez une femme. ❞

Dans ce chapitre, j'ai tenté de vous convaincre de l'utilité de faire votre autopromotion. Bien que ce ne soit pas évident pour beaucoup de femmes, c'est essentiel pour bien mener sa carrière.

On dit souvent que, pour ne pas paraître dures et égoïstes, les femmes de caractère doivent être chaleureuses. Une femme qui communique d'une façon très compétente mais chaleureuse rassure sur ses compétences et son caractère, ce qui peut l'aider à accroître son influence.

Alors faites en sorte de passer 5 pour cent de votre temps à faire votre autopromotion, mais faites-le avec chaleur et humour. Si, de surcroît, vous en profitez pour dévoiler certains traits de votre personnalité, vous arriverez à progresser aussi bien que les hommes.

DEVOIRS POUR FEMMES AMBITIEUSES

À n'importe quel stade de votre carrière

Votre CV est votre principal argumentaire de vente, alors tenez-le à jour pour pouvoir l'envoyer à tout moment – même si c'est juste des renseignements de base pour intervenir à une conférence.

Voici mes meilleurs conseils pour avoir un super CV.

À faire :

■ Mettez votre nom en haut et vos coordonnées sur la ligne d'en dessous. Rien n'agace plus un éventuel employeur que d'avoir à les chercher dans un CV

■ Faites tout tenir sur une page A4 si possible. Un CV est un résumé factuel de votre carrière, pas un document de vente. Les raisons pour lesquelles vous convenez parfaitement au poste proposé devraient être exposées dans la lettre qui accompagne votre CV

■ Divisez votre CV en trois parties : « Formation » (en citant les diplômes professionnels comme le DEC), «Emplois» et « Informations complémentaires »

■ Ne laissez pas de trous dans votre CV car le recruteur les repérera et vous interrogera à ce sujet.

À ne pas faire :

■ L'intituler « Curriculum Vitae » – c'est évident que c'en est un

■ Faire une liste laconique de vos « centres d'intérêt ». Par exemple « ski, voyages, lecture » n'impressionnera personne. J'espère que vous avez une troisième dimension à mentionner. Si c'est le cas, notez-la en insistant sur vos succès et votre engagement personnel. Par exemple : « court régulièrement avec l'équipe du PSG » ou « écrit chaque mois pour le journal local »

▦ Mettre votre situation familiale et le nombre de vos enfants – cela n'a rien à voir avec votre capacité à travailler, et vous pourrez toujours aborder la question lors de l'entretien d'embauche si vous le souhaitez

▦ Utiliser une police de caractère fantaisie que personne ne peut lire. Je vous recommande Arial ou Times New Roman

▦ Demander à quelqu'un de le faire pour vous, sauf si c'est un brouillon. Les employeurs veulent voir la façon dont vous vous présentez, vous, et pas quelqu'un d'autre.

Pour terminer, un mot sur les « faits personnels » que beaucoup de gens mettent en haut de leur CV. Personnellement (et je sais que tout le monde n'est pas d'accord avec moi), je les déteste. Et je ne les lis jamais. Ils sont écrits par le candidat pour se vendre, donc cela n'a aucune valeur. Par exemple :

Mrs Moneypenny est une brillante entrepreneuse qui possède et dirige une entreprise performante et tient une rubrique dans un journal international. Elle serait un atout pour votre société.

Et si vous voulez « vendre » autre chose que votre CV, faites-le dans la lettre d'accompagnement – ou éventuellement par l'intermédiaire du chasseur de têtes qui s'occupera de votre candidature.

CHAPITRE 10

VOUS N'Y ARRIVEREZ PAS SEULE

Il n'y a pas de pire phrase que « je n'y arriverai pas ».

C'est ce que je dis aux jeunes femmes que je rencontre quand j'interviens dans des écoles ou des facs. J'essaie de les inciter à être plus ambitieuses, à avoir plus confiance en elles et à leur donner les mêmes tremplins que des générations d'hommes ont eus dans le passé.

Celles d'entre nous qui ont quitté l'université depuis des lustres doivent aussi garder cette pensée en tête. Cela peut facilement s'oublier quand on est confrontée aux challenges quotidiens de la vie au bureau et à la maison.

Aujourd'hui, il n'y a vraiment pas de pire phrase que « je n'y arriverai pas ».

Si vous mémorisez les dix points abordés dans ce livre, vous pouvez vraiment réussir – à une mise en garde près. Pour pouvoir dire « je n'y arriverai pas », vous devez y rajouter un mot. Car la vraie phrase est : « Je n'y arriverai pas seule. »

Birgit Neu, directrice du développement corporatif chez HSBC, ne serait rien sans son équipe :

Ils sont si nombreux à être très motivés et à se donner à 110 %, même pour des tâches qui semblent ingrates – c'est pour ces gens que je me lève chaque matin.

Il y a une autre façon de voir cela : « Le travail d'équipe est si important que c'est pratiquement impossible d'arriver au top de ses compétences ou de gagner tout l'argent qu'on veut, sans avoir une très bonne équipe », déclare Brian Tracy, auteur de *The 100 Absolutely Unbreakable Laws of Business Success*[31].

L'importance d'avoir du renfort

Il y a des années, j'étais collaboratrice à la rédaction d'un supplément du *Bazaar Magazine* anglais (autrefois nommé le *Harpers & Queen*). Ce supplément était consacré aux femmes d'affaires et je me souviens très bien d'une histoire sur Christian Rucker, la fondatrice et la P-DG de The White Company, et en particulier de la photo que nous avions choisie pour l'illustrer. Christian était l'assistante de la rédactrice Santé et beauté d'un magazine quand elle a eu l'idée de fonder une société représentant des fabricants d'objets pour la maison – tous blancs, et de les vendre par correspondance. À l'âge de vingt-quatre ans, elle lançait The White Company.

Voici ce qu'elle disait en 2004 :

❛ Jongler entre une société et quatre enfants, c'est comme être dans des montagnes russes. C'est le chaos contrôlé. Mais je crois que la clé, c'est d'être entourée des bonnes personnes. Je n'avais pas d'enfants quand j'ai monté mon affaire [...] C'est éprouvant, c'est pour cela que j'avais vraiment besoin de gens en qui j'avais confiance autour de moi. Ce sont des pièces essentielles dans mon organisation. [...] Tout s'effondrerait très facilement sans eux. ❜

À l'époque, Christian avait une armée d'aides sous la forme d'une assistante, d'un cuisinier, d'une mère, d'un décorateur, d'un prof de Pilates, d'un coiffeur, d'un directeur général à la tête de sa société,

---

31. *Destination réussite : votre plan vers le succès*, publié en 2009 aux éd. du Trésor Caché.

d'une intendante, d'une nounou et – et ce n'est pas le moindre – d'un mari (qui est directeur général d'une marque de vêtements vendu par correspondance : Charles Tyrwhitt).

On avait pris une photo d'elle avec ses aides, et cette image avait un impact très fort – encore plus fort que la liste elle-même. Pour permettre à une femme de pouvoir fonctionner au mieux à la tête d'une société, il fallait que dix personnes l'aident au quotidien.

Aujourd'hui, l'équipe Rucker compte bien plus de dix personnes. Il y a l'équipe de The White Company, tous les fournisseurs et tous les clients. Pour qu'une mère puisse travailler chaque jour, il faut environ dix personnes mais, pour qu'elle puisse obtenir les résultats qui nourriront ses ambitions, il en faut beaucoup plus – dont beaucoup n'auront pas l'occasion de la rencontrer personnellement. Si The White Company était, comme beaucoup d'autres sociétés, cotée en bourse, il faudrait ajouter les actionnaires à la liste de ceux qui aident Christian à réaliser ses défis. Et ceux qui ont une influence sur elle – les analystes boursiers, les médias, etc.

Vous vous souvenez de notre conversation sur les onze Chinoises milliardaires dans le chapitre 6 ? Ces femmes ont compris qu'elles ne pouvaient pas réussir seule. Comme expliqué dans le *Financial Times*, grâce au bas prix de la garde d'enfants et à l'aide de leur famille, les Chinoises peuvent travailler environ 71 heures par semaine.

Sheryl Sandberg, chef de l'exploitation de Facebook, a fait le discours de remise des diplômes de 2011 à l'université Barnard à New York. Elle a parlé de l'importance de choisir « un partenaire de vie avec qui partager les responsabilités de la maison ». Bien que les femmes prennent naturellement en charge la majorité des tâches ménagères, il est important que, à l'instar d'autres gens, leur mari fasse partie de leur renfort.

Je ne dis certainement pas suffisamment « merci » à monsieur M. Alors voilà : Merci ! MERCI !

Comment développer votre équipe de renfort au travail

Il y a des carrières dont le succès dépend de nous et seulement de nous – même si je ne vois pas lesquelles. Même le chercheur de laboratoire le plus seul a besoin de techniciens. L'écrivain le plus solitaire a besoin de lecteurs, d'éditeurs – et même de jurés – pour soutenir sa carrière s'il veut réaliser ses ambitions.

Vous avez remarqué que j'utilise la notion de « travail d'équipe » hors de sa définition habituelle, bien au-delà du petit groupe de gens avec qui on interagit chaque jour au travail. Les femmes qui réussissent vraiment dans la vie avouent avoir besoin de légions de gens à leurs côtés pour y arriver.

Cela nous amène à la première règle à respecter quand on se constitue une équipe de renfort.

Considérez tous les gens que vous rencontrez comme de potentiels contributeurs à votre succès

C'est une façon très polie de dire ce que toutes les femmes qui réussissent dans la vie savent : faites attention sur qui vous marchez en grimpant les échelons parce qu'ils vont s'accrocher aux basques de ceux que vous devrez embrasser en cours de route.

Je ne pense pas cela parce que je suis merveilleuse et influente – je pense cela parce qu'il donne des résultats.

Quand le *Financial Times* lui a demandé, en juin 2010 : « Quelle est votre règle d'or ? » Barbara Stocking, commandeur de l'Ordre de l'Empire britannique et P-DG d'Oxfam Angleterre depuis 2001, a répondu :

> ❛ Pour moi, les gens ont tous la même valeur. C'est pourquoi, je m'adresse de la même façon à l'épicier de mon village au Secrétaire général de l'ONU. ❜

Employez les bonnes personnes

Les fondations du succès de l'entreprise que je dirige sont les gens qui travaillent avec moi. Et si vous posez cette question à d'autres femmes ayant brillamment réussi, elles vous répondront la même chose. Julie Diem Le, trente-quatre ans, était une chirurgienne de l'œil avant de créer sa société, Zoobug, en 2006, pour fabriquer des lunettes de soleil qui protègent vraiment les yeux des enfants. L'idée lui est venue un jour alors qu'elle ne trouvait pas de lunettes de soleil à la fois sûres et (très important) fantaisie pour sa nièce. Depuis, sa société a fait du chemin : les lunettes de Julie Diem Le sont désormais distribuées dans plus de vingt et un pays et elle a récemment lancé une ligne de lunettes sur le thème des jeux Olympiques de 2012. Voici le conseil qu'elle donne aux gens qui veulent créer leur affaire : « Entourez-vous des bonnes personnes. »

Cette règle s'applique à toutes, que vous soyez à la tête d'une petite start-up ou d'une société bien établie avec une armée d'employés.

Ann Moore, l'ancienne P-DG de Time Inc., croit que la seule vraie difficulté de la vie professionnelle, c'est de trouver les bonnes personnes et de leur donner le bon travail. « C'est le secret », a-t-elle déclaré lors de son discours d'introduction à la Annual Wharton Women in Business Conference[32], « et en fait, c'est très simple ».

Andrea Jung, P-DG du géant des cosmétiques Avon, dit qu'elle dépense au moins 25 pour cent de son temps à planifier et à exécuter le développement des compétences.

> Le talent est la priorité numéro un d'un P-DG. On croit que c'est la vision et la stratégie, mais il faut d'abord trouver les bonnes personnes.

---

32. Conférence annuelle sur les femmes dans les affaires à la Wharton School.

Deanne Jurgens, vice-présidente des ventes (de boissons américaines) pour Sam's Club approuve :

❝ Mon plus grand succès au cours des quatre dernières années,
c'est d'avoir trouvé, développé et promu de grands talents dans
notre équipe. La qualité des résultats est égale à celle des gens qu'on
a, et notre équipe est notre plus grand atout et un vrai avantage
concurrentiel sur le marché. ❞

Avoir de bonnes équipes est essentiel pour être un chef d'entreprise prospère – qu'on soit un homme ou une femme. Mais c'est
particulièrement important pour les femmes qui gèrent en grande
partie les tâches ménagères et les enfants.

Récompensez les bonnes personnes

En mai 2010, Ursula Burns est devenue la première femme noire
à diriger une société Fortune 500[33], comme présidente et P-DG de
Xerox (XRX). Elle y était entrée comme stagiaire en 1980.

Elle se souvient de ce que son chef de stage lui a dit à l'époque :

❝ Tu es très intelligente, tu as la langue bien pendue. Mais, à moins
que tu arrives à faire tous les boulots, tu es perdue. Pour que les
choses se fassent, tu dois te faire aider. Pas par des gens qui se
contentent de te suivre, mais par des gens qui te guideront. Tu dois
renoncer à être au centre de tout. ❞

J'ai récemment regardé les critères que certaines sociétés de
services professionnelles utilisent pour décider qui, parmi leurs
employés, sera promu à un meilleur poste. Voici une liste mise au
point par l'une d'elles :

---

33. Liste des plus grosses entreprises américaines.

EXPERT

Professionnel reconnu dans son secteur.

Développe et diffuse des connaissances.

LEADER

Motivant, autoritaire, motivé, respecté et suivi.

BONNE FIBRE COMMERCIALE

Obtient des résultats, gagne des marchés pour lui, pour son équipe et pour les autres.

VISIONNAIRE

A une vision et des projets d'avenir, décrypte les enjeux, trouve des solutions et entraîne les autres derrière lui.

RÉPUTÉ

Reconnu pour son talent par ses pairs.

MENTOR

Don pour repérer, former et encourager les jeunes talents.

Capable de prévoir sa succession.

HÉROS DE SA MARQUE

Passionné – parle / vit les idéaux de la culture d'entreprise.

STRATÉGIQUE

Très concentré sur les objectifs de l'entreprise et pas seulement de son secteur.

Et en voici trois autres :

Un cabinet comptable	Une société de conseil en management	Une banque d'investissement
Relations clients	Apport de clients	Jugement
Avoir une expertise technique	Développement humain	Capacité à négocier avec les clients
Esprit commercial	Apports à la connaissance	Compétences techniques
Crédibilité et communication	Réputation	Mentorat
Capacité à progresser et à faire progresser les autres	Attitude ferme	Coaching / recrutement
Développer l'activité de l'entreprise Innovation et changement Jugements et prises de décision Capacité à diriger Organisation		Capacité à diriger

Ce qui est frappant dans ces listes, c'est le peu d'indications concernant le capital humain – c'est-à-dire les compétences techniques. Beaucoup sont liées aux relations avec les autres – à la capacité de faire progresser les autres (recrutement, coaching / training, mentorat) et à influencer les autres (clients, homologues, collègues).

Obtenez le soutien des autres

Vous n'avez peut-être pas envie de faire carrière dans le secteur des services et pensez que c'est sans doute le cas de beaucoup des lectrices de ce livre. Mais relisez les deux listes ci-dessus – elles mettent en lumière les qualités des gens haut placés, que ce soit dans une société d'ingénierie ou une société de boissons gazeuses.

Alors comment arrive-t-on à bien s'entourer et à bien gérer des équipes ?

Il y a des tonnes de livres spécialisés sur le sujet que je n'ai pas l'intention de plagier – de toute façon, mon but est d'apporter une aide pratique aux femmes.

Le plus important de tous ces conseils, comme dit plus haut, c'est de voir et de reconnaître l'apport des autres.

Les femmes y arrivent généralement bien.

Néanmoins, ne vous endormez pas sur vos lauriers – ce n'est pas parce que vous êtes une femme que vous allez devenir automatiquement une grande chef d'équipe.

Soyez accessible et encourageante

Malheureusement, il y a une face négative à tout cela.

Si l'on en croit la P-DG d'une grande entreprise (qui souhaite garder l'anonymat) :

> Les femmes peuvent être horribles les unes envers les autres. Nous [les femmes] sommes de grandes communicantes, mais les femmes peuvent être très intimidantes – ce qui ne sert à rien. Essayez d'être accessible.

Sur sa lancée, elle fait une autre mise en garde. Former des équipes performantes ne doit pas vouloir dire être liée à elle – ni à votre employeur d'ailleurs – au-delà de ce qui est nécessaire pour vous.

❝ Les femmes deviennent un peu trop loyales. La loyauté peut avoir des conséquences néfastes sur une carrière. ❞

Les hommes ne sont peut-être pas réputés pour dénigrer leurs collaborateurs, mais ce ne sont pas non plus les champions des encouragements. Le rédacteur en chef du *Financial Times* fait exception à la règle. Il prend le temps d'écrire personnellement des lettres de recommandation pour des collaborateurs qui ont fait du bon travail pour lui ou qui ont écrit un article ou une rubrique particulièrement remarqués. Il fait cela en dehors de ses longues heures de travail mais le résultat, c'est que les membres de son équipe lui sont beaucoup plus dévoués et loyaux que s'il se contentait de les récompenser financièrement.

Dites-vous « merci » assez souvent ?

Même à vos pairs ?

Ou à vos subordonnés ?

Ou à vos supérieurs ?

Connaissez-vous

Bien se connaître est une autre base essentielle du succès d'équipe. Repérez vos points forts – et vos points un peu moins forts – et entourez-vous de gens dont les points forts compléteront les vôtres.

C'est plus dur que vous ne le pensez : vous devez vous arranger pour qu'on reconnaisse vos succès si vous voulez avancer (voir chapitre 9), c'est pourquoi il est parfois difficile d'accepter de ne pas être bonne en tout. Il faut donc, comme dans beaucoup de domaines, avoir absolument confiance en soi.

C'est seulement quand je suis devenue fière de mes compétences dans certains domaines que j'ai pu admettre mes échecs dans d'autres. J'ai alors pu solliciter l'aide de personnes qui étaient bonnes sur des points où j'étais faible.

Quand j'ai commencé à diriger ma petite entreprise, j'ai été marquée par les propos de Jill Garrett qui est maintenant directrice générale de Gallup en Europe, lors d'un événement pour des chefs d'entreprise. Elle a indiqué qu'on pouvait soit dépenser beaucoup de ressources (en temps / en argent) à essayer de faire progresser les gens dans les domaines où ils ne sont pas bons, soit investir ces mêmes ressources dans ce qu'ils savent bien faire pour qu'ils deviennent encore meilleurs.

Makgotso Letsitsi, directeur des services/conseils en gestion des risques chez KPMG, dit :

> Vous devez savoir quels sont vos points forts, et les utiliser efficacement dans votre quête du succès – au lieu d'essayer d'imiter ce que vous prenez pour des points forts chez les autres.

Jill a aussi dit quelque chose que je trouve très intéressant quand je l'ai entendue parler il y a de nombreuses années de cela : « Si vous ne mesurez pas votre valeur, vous finirez par ne valoriser que ce que vous pouvez mesurer. Si la seule chose que votre entreprise mesure est le coût de ses employés, ceux-ci ne s'intéresseront qu'à l'argent. »

Après avoir entendu Jill, je suis retournée à mon bureau, j'ai jeté le système d'évaluation de ma société à la poubelle, et j'en ai conçu un autre permettant à tous de voir le travail de tout le monde. Nous étions ainsi sûrs de ne pas nous faire vampiriser par la culture des ventes – qui n'aurait pas servi au mieux les intérêts de nos clients.

Olivia Gartfield, directrice de la stratégie du groupe British Telecom, croit en la nécessité de prendre du temps pour motiver ses collaborateurs et tirer ainsi le meilleur d'eux – et le meilleur de soi.

> Connaissez la personne. Vos chances d'inciter quelqu'un à vraiment travailler pour vous et à donner son maximum sont minces si vous n'avez jamais pris la peine de savoir qu'il a deux enfants de

quatre et six ans qui s'appellent Luke et Charlie. Vous n'avez pas besoin de savoir énormément de choses sur vos collaborateurs, mais vous devez avoir conscience de ce qui se passe dans leur vie […]. Une fois qu'on a compris la dimension humaine d'un collaborateur, on a une idée de ce qui le motive. Ce n'est pas parce que quelqu'un est motivé par l'argent que c'est le cas de tout le monde. Plus on grimpe les échelons, plus on risque de trop parler et de ne pas assez écouter. 〟

En apprenant à connaître les autres, n'oubliez pas de continuer à chercher vos points forts, vos points faibles, vos motivations et vos ambitions. Lorsqu'on se les dit clairement face à face, on peut gérer les attentes de chacun et permettre à l'équipe de mieux fonctionner et donc, d'avoir plus de succès – surtout si vous avez des collaborateurs qui vous défient ou même qui s'opposent à vous.

C'est un mouvement en dents de scie. On est toujours dans les deux rôles, peu importe le degré d'avancement de notre carrière.

Maximisez vos points forts

« Je n'y arriverai pas seul » est le leitmotiv de beaucoup d'entraîneurs de football, de chanteurs pop, d'organisations bénévoles et de Lord Kitchener[34] (« Votre nation a besoin de vous » sous-entend qu'elle n'y arrivera pas seule.) Mais c'est un principe essentiel pour maximiser vos points forts et avancer.

Ne vous laissez pas convaincre par ceux qui disent qu'il faut travailler sur ses points faibles. Adoptez plutôt cette simple stratégie :

- Embauchez quelqu'un qui est bon dans le ou les domaines où vous êtes faible
- Déléguez les tâches que vous n'aimez pas faire à des personnes qui aiment les faire

---

34. Ministre de la Guerre en 1914 au Royaume-Uni, qui a prêté son visage pour une célèbre campagne de recrutement.

■ Automatisez les tâches répétitives

■ Sous-traitez les tâches routinières que vous ne savez pas bien faire.

Même en faisant de votre mieux, vous serez sans doute juste moyenne dans les domaines pour lesquels vous n'êtes pas douée. Si vous ne travaillez que sur vos points faibles, vous fragiliserez votre confiance en vous parce que vous ne vous focaliserez que sur vos défauts.

En reconnaissant vos points faibles et en prenant les dispositions qui s'imposent, vous prendrez de l'avance sur les hommes – qui, comme ils sont très compétitifs, ont beaucoup moins tendance à reconnaître leurs faiblesses.

Au début de votre carrière, vous n'aurez pas la possibilité ou les moyens de déléguer. Mais vous pouvez être inventive – échanger des tâches avec d'autres pour être plus efficace et maximiser vos points forts.

Par exemple, proposez à votre amie pâtissière de faire sa déclaration d'impôts contre un gâteau préparé en douce pour l'anniversaire de votre fiancé.

Moins de deux personnes sur dix passent la majorité de leurs temps à maximiser leurs points forts, si l'on en croit le célèbre article de Marcus Buckingham dans le magazine *Harvard Business Review* : « What great managers do ». Il en découle deux choses que nous, les femmes, devrons utiliser à notre avantage.

■ Premièrement, connaissez vos points faibles et arrangez-vous pour trouver une façon de les gérer. Je me souviens de ce que Susan Gilchrist, alors directrice associée de Brunswick aux États-Unis, a répondu quand son futur mari, l'historien Andrew Roberts, lui a demandé lors de leur premier rendez-vous si elle savait cuisiner : « Non, mais je peux payer l'addition. »

■ Deuxièmement, ne gâchez pas votre énergie à combattre les points faibles des gens au-delà de ce dont ils ont besoin pour fonctionner de la façon la plus basique possible. Souvenez-vous-en quand vous devrez gérer votre propre équipe. Investissez plutôt sur leurs points forts. Cela permettra, mieux que tout, à votre équipe d'obtenir des résultats beaucoup plus rapides.

La plupart des pays dans le monde – et certainement toutes les grandes institutions financières, militaires et intergouvernementales – ne sont pas dirigés par un seul chef d'État, chef d'état-major, secrétaire général ou P-DG, mais par un groupe de ministres, de conseillers, de députés ou d'assistants. Cette philosophie a permis de créer des démocraties libérales qui fonctionnent, de gagner des victoires militaires, de canaliser l'aide aux pays en voie de développement et de stimuler les économies.

Ce principe s'applique à tous les niveaux, tous les échelons. Vous êtes aussi forte et aussi efficace que les gens dont vous vous entourez.

Ce n'est pas par hasard qu'Hillary Clinton, la secrétaire d'État américaine, a appelé son site Internet « Team Hillary Clinton ».

Dans le sport professionnel, comme le football ou le base-ball, les joueurs qui ne soutiennent pas leurs coéquipiers sont perçus comme des agitateurs et sont souvent transférés. Dans les affaires et dans le sport, l'esprit d'équipe est très apprécié. « Les gens qui travaillent ensemble gagneront, même si c'est contre une défense difficile au football ou contre des problèmes de la société moderne », a déclaré Vince Lombardi, un entraîneur de football américain dont le nom figure dans le Pro Football Hall of Fame[35].

---

35. Le « temple de la renommée » de la National Football League (NFL), situé à Canton dans l'Ohio aux États-Unis.

Comment développer votre équipe de renfort chez vous

Les femmes actives et surtout les mères actives doivent aussi se créer une équipe de renfort chez elles.

Remerciez et récompensez ceux qui vous permettent d'aller travailler

L'une des choses qui a bien fonctionné pour moi, par exemple, c'est la rémunération incitative.

L'époque des nounous est derrière moi maintenant que monsieur M. gère presque tout ce qui concerne les enfants, mais j'ai eu recours à des aides entre 1989 et 2010 – soit pendant vingt et un ans.

Quand j'embauchais des nounous, je leur offrais toujours des primes tous les six mois dont l'une coïncidait avec ma propre prime annuelle. Si elles partaient durant ces six mois, leur prime n'était pas payée au prorata. Je leur ai toujours dit « merci », fêté leur anniversaire et Noël et écrit des mots de remerciement quand elles avaient fait quelque chose de vraiment exceptionnel.

Comme Catherine May (voir chapitre 6), je pense que les employés de maison – nounous, intendantes, chauffeurs, femmes de ménage, etc. – devraient avoir droit à une évaluation annuelle, comme n'importe lequel de mes collaborateurs au travail.

Si vous consacrez du temps et des efforts aux autres, ils seront à leur tour – si j'en crois mon expérience – contents de vous consacrer du temps et des efforts.

Établissez clairement vos priorités

Je pense aussi qu'il est important d'expliquer aux gens qui vous rendent des comptes directement quelles sont vos grandes priorités.

Que *doivent*-ils faire pour vous ?

Chaque fois que j'embauchais une nourrice, je lui expliquais que si elle ne venait pas travailler, je ne pouvais pas aller travailler non plus et que cela impactait gravement sur plein de choses – dont ma capacité à lui offrir un travail sûr et bien payé.

Je lui expliquais que, à moins qu'elle ait la peste bubonique (ou quelque chose de très contagieux) ou qu'elle ait un accident de voiture, j'avais besoin qu'elle vienne travailler. Et pas question de me dire « je ne me sentais pas dans mon assiette ». Si elle ne se sentait pas dans son assiette, elle n'avait qu'à s'asseoir dans mon canapé et regarder des sitcoms à la télévision en sirotant une tisane à la camomille au lieu de rester chez elle.

La fiabilité est vraiment, vraiment très importante pour moi dans mon organisation domestique, et je l'explique en détail.

Apprenez à accepter le « moins que parfait »

L'incapacité à déléguer est un frein pour beaucoup. C'est vrai pour tout le monde, hommes et femmes, mais surtout pour les femmes.

Nous sommes élevées dans la croyance que nous devons être parfaites dans tous les domaines – en tant qu'élève, collègue, amie, amoureuse, épouse et mère – si bien que nous avons du mal à accepter qu'un travail soit moins bien fait que si on le faisait soi-même.

Le problème est que si vous faites toutes les tâches que vous devez faire dans une journée vous-même, vous ne serez jamais capable de réaliser vos ambitions.

Soyez prête à accepter de voir les tâches faites à seulement 80 % de votre seuil de perfection, voire à 75 %. Établissez ce qui est le plus important pour vous dans les tâches que vous déléguez, puis expliquez-le aux gens qui en sont chargés.

La microgestion sera toujours un frein pour vous.

Faites-vous aider par d'autres parents ou par votre famille

Comme vous êtes nombreuses à le savoir, l'« équipe » qui permet à une mère active d'aller à son bureau s'étend bien au-delà des employés de maison.

Connaître d'autres parents à l'école peut être crucial quand une nounou est malade ou en vacances. (Oui, je sais, les nourrices ne devraient pas avoir le droit de tomber malades ou de partir en vacances – mais elles l'ont.)

Vous devez impérativement vous constituer une équipe de renfort.

Une de mes collègues de travail, quand elle a décidé d'appuyer sur la pédale d'accélérateur de sa carrière, s'est installée dans un quartier londonien qu'elle ne connaissait pas pour pouvoir être plus près de sa mère et de sa sœur qui, elle le savait, l'aideraient ponctuellement pour les enfants.

Soyez prête à faire des choses pour les autres

Même si vous n'avez pas d'enfant, vous allez avoir besoin d'un réseau d'aide – d'une « équipe ».

Cela peut être la concierge de votre immeuble.

Ou le plombier à qui vous faites suffisamment confiance pour lui confier vos clés au lieu de rester bloquée chez vous à l'attendre quand le lave-vaisselle tombe en panne.

La meilleure façon de se constituer une équipe de renfort, c'est de faire quelque chose pour eux avant que vous soyez obligée de les appeler à l'aide. À Noël, par exemple, vous devriez faire une liste des gens qui vous ont aidée – et pas seulement vos amis ou votre famille – pour leur envoyer un mot et un petit cadeau.

Les meilleurs membres que j'ai recrutés pour l'équipe Moneypenny quand je travaillais dans une banque d'investissement sont :

■ La standardiste (parce qu'elle savait toujours où étaient les gens et comment les trouver)

■ Le responsable du restaurant d'entreprise (qui remuait ciel et terre quand j'avais besoin de lui).

Diriger des équipes au travail est le sujet de bon nombre d'ouvrages beaucoup plus documentés que ce livre. Faire partie d'une équipe (accepter son rôle, faire sa part de travail, oser contester et donner des conseils si nécessaire) fait aussi l'objet de nombreux magazines spécialisés.

Mais les femmes doivent se construire des équipes au sens le plus large du terme – c'est-à-dire des équipes de « renfort » – encore plus que les hommes car nous avons et aurons besoin de plus de soutien pour gérer nos familles tout en tentant de réaliser nos ambitions. Et quand vous serez à un stade plus avancé de votre carrière – que vous ayez des enfants ou pas – vos parents auront peut-être de plus en plus besoin de vous.

Les femmes qui réussissent dans la vie, comme nous l'avons vu dans les chapitres précédents, ne peuvent pas tout avoir, mais elles doivent tout faire parce que ce sont souvent elles qui prennent soin de leur famille. Pour y parvenir, vous devez vous faire aider. Relisez le chapitre 2 pour savoir comment vous construire un réseau et le chapitre 9 pour savoir comment faire votre autopromotion.

Ces deux chapitres vous aideront à constituer une équipe plus « large ».

Si vous êtes ambitieuse, vous êtes autant capable de réussir qu'un homme – mais, comme un homme, vous devrez faire des choix, des sacrifices et des compromis. Si vous les avez identifiés et savez pourquoi vous devez les faire, vous aurez déjà gagné la moitié de la bataille.

Le reste n'est que de l'exécution – ce qui, pour les femmes, est beaucoup plus facile que vous ne le pensez.

Bonne chance ! Et tenez-moi au courant de vos progrès.

DEVOIRS POUR FEMMES AMBITIEUSES

À n'importe quel stade de votre carrière

Êtes-vous une pro du travail d'équipe ?

Impliquez-vous en travaillant avec les autres à l'intérieur et à l'extérieur du travail.

- Au travail, proposez à vos collègues de les aider pour un nouveau projet ou demandez à participer à une campagne de recrutement
- Impliquez-vous dans un organisme à but non lucratif à l'extérieur de votre travail pour côtoyer un autre milieu.
- Chez vous, déléguez les tâches aux membres de votre famille. Pensez à embaucher des employés de maison, si votre budget vous le permet
- Si vous n'êtes pas encore mariée, cherchez quelqu'un qui vous donnera un vrai coup de main chez vous.

Au début de votre carrière

Portez-vous volontaire pour des projets, des activités dans votre entreprise et des actions bénévoles qui montrent votre capacité à travailler en équipe.

À un stade plus avancé de votre carrière

À faire :

- Apprenez à déléguer des tâches à des collègues à qui vous faites confiance
- Confiez des travaux que vous ne savez pas bien faire à votre mari, à vos enfants – et à des employés de maison, si vous pouvez vous le permettre.

À ne pas faire :

- Essayer de tout faire toute seule : souvenez-vous, Superwoman n'existe pas !

ÉPILOGUE

Encore un conseil pour votre carrière.

Un dernier mot à toutes les femmes ambitieuses qui liront ce livre. Quand vous aurez un poste à haute responsabilité – et si vous suivez mes conseils, cela vous arrivera un jour – n'oubliez pas de regarder derrière vous et d'aider les futures grandes femmes de demain.

Comme l'a dit un jour Madeleine Albright : « En enfer, il y a un endroit spécialement réservé pour celles qui n'aident pas les femmes ».

REMERCIEMENTS

L'épouvantable climat économique de ces dernières années a eu au moins une conséquence positive pour moi. L'obscur lycée de ma jeunesse, fondé par des Sœurs du Clergé, a fermé et a été racheté par une école voisine beaucoup plus célèbre.

C'est toujours mieux d'avoir une école célèbre sur son CV qu'une école que personne ne connaît.

Je suis ainsi ravie d'être, par défaut, une ancienne élève de l'école de Roedean.

Mais c'est une vraie ancienne élève de Roedean, Anya Hart Dyke, qui m'a le plus aidée. C'est une chercheuse insatiable qui semble gérer sans effort le chaos généré par une auteure qui a un travail à temps plein, une émission de télé, une rubrique à tenir dans un journal et qui voudrait en plus écrire un livre.

Et merci aussi à Faye Wenman qui me l'a présentée.

Jane Lunnon m'a invitée à parler aux fillettes de 6ᵉ de l'école de Prior Field il y a quelques années. Cherchant désespérément un sujet, j'ai décidé de leur dire les dix choses que j'aurais aimé savoir à dix-sept ans. Merci aux fillettes qui m'ont écoutée, et à toutes les fillettes qui m'ont écoutée depuis. Vos questions m'ont aidée à concevoir ce livre.

Mention spéciale à Jessica Seldon qui m'a aidée à commencer mes recherches avant de se trouver un vrai travail et à Brynne Kennedy Herbert qui a débarqué à la toute fin de l'aventure et m'a fourni les points de vue des Américaines.

Merci aussi à mon éditeur chez Portfolio Penguin, Joel Rickett, pour m'avoir encouragée, poussée à continuer – et enfin, par désespoir, imposé des deadlines. Merci également à mon éditeur chez Portfolio aux États-Unis, Jillian Gray, d'avoir été suffisamment courageux pour venir assister à mon spectacle alors qu'il ne me connaissait pas.

Jon et Veryan Nield m'ont aidée à franchir la ligne d'arrivée en m'invitant dans leur paisible maison de vacances en Toscane où ils m'ont nourrie, en plus de garder mes enfants et relire mon texte, pendant toute une semaine. C'est vraiment la meilleure équipe de renfort dont une femme ambitieuse peut rêver (voir chapitre 10).

Monsieur M., mes Coûts de Cœur n° 1, n° 2 et n° 3 et tous mes collègues de bureau qui doivent me supporter chaque jour méritent aussi un grand merci. MERCI !

Enfin, mais tout aussi important, les femmes dont les commentaires et les carrières sont cités dans ce livre. Beaucoup d'entre elles sont mes Amies et beaucoup d'autres ne me connaissent pas ou n'ont jamais entendu parler de moi. Si c'est le cas, je devrais probablement travailler un peu sur ce que je conseille dans le chapitre 9.

De toute façon, merci à vous. Vous êtes une source d'inspiration pour moi. Comme des douzaines de femmes que je n'ai pas mentionnées car j'avais, hélas, un quota de mots à respecter !

Hormis ces soutiens et ces aides, les opinions émises dans ce livre sont les miennes.

NOTES PERSONNELLES

Achevé d'imprimer en mars 2013 par Rodesa (Espagne)

Pour l'éditeur, le principe est d'utiliser des papiers composés
de fibres naturelles, renouvelables, recyclables et fabriquées
à partir de bois issus de forêts qui adoptent un système
d'aménagement durable. L'éditeur attend également
de ses fournisseurs de papier qu'ils s'inscrivent dans une
démarche de certification environnementale reconnue.

Dépôt légal : avril 2013
23-27-0932-01-6
ISBN : 978-2-01-230932-6